BRITTA WEIMER UNTERRICHTETE DIE FÄCHER MATHEMATIK UND FRANZÖSISCH, EHE SIE SECHS JAHRE LANG AM HESSISCHEN LANDESINSTITUT FÜR PÄDAGOGIK (INSTITUT FÜR LEHRERFORTBILDUNG) SOWIE AM WIESBADENER KULTUSMINISTERIUM TÄTIG WAR. HEUTE IST SIE PERSÖNLICHE REFERENTIN DER SOZIALMINISTERIN UND BESCHÄFTIGT SICH INSBESONDERE MIT FRAGEN DER JUGENDARBEIT. IN IHRER FREIZEIT SCHREIBT SIE ARTIKEL FÜR JUGENDZEITSCHRIFTEN SOWIE JUGENDRATGEBER.

SABINE HESS, IN BERLIN GEBOREN UND AUFGEWACHSEN, STUDIERTE AN DER HOCHSCHULE FÜR KÜNSTE GESELLSCHAFTS- UND WIRTSCHAFTSKOMMUNIKATION UND IST SEIT 1990 IN DER KONZERNKOMMUNIKATION EINES INTERNATIONALEN UNTERNEHMENS TÄTIG. MIT IHRER FAMILIE LEBT SIE IN DER NÄHE VON FRANKFURT AM MAIN.

UEBERREUTER
TALK ABOUT

LEICHTER LERNEN LERNEN

Tipps, Strategien, Übungen

BRITTA WEIMER
SABINE HESS

UEBERREUTER

Um Missverständnissen bezüglich der Gleichberechtigung beider Geschlechter vorzubeugen weist der Verlag darauf hin, dass sich die männliche Form von Begriffen (zum Beispiel »Schüler«) natürlich auch immer auf die weibliche bezieht, selbst wenn es nicht explizit betont wird.

ISBN 3-8000-1604-4

Druck: Druckerei Theiss GmbH, St. Stefan i. L.
7 6 5 4 3 2 1

Ueberreuter im Internet: www.ueberreuter.at

INHALT

Worum es in diesem Buch geht 9

Lernstrategien 15

– Was du über die Gehirnfunktionen wissen solltest 15

– Wie bereite ich mich am besten auf eine Klassenarbeit vor? 19

– Welcher Lerntyp bist du? 22

– Wie krieg ich das bloß in meinen Kopf? 27

– Weisheiten aus der Lernpsychologie 32

– Hilfe, ich kann mir nichts merken! Gibt es Techniken zum Auswendiglernen? 35

– Die PISA-Studie – was du darüber wissen solltest 38

– Hör auf, dir permanent einzureden, dass du es nicht schaffst! 41

Dein Arbeitsplatz 43

– Der Arbeitsplatz-Test 43

– Die Wirkung von Gerümpel auf deine Denkfähigkeit 47

– Der Besitz von Kram und Krempel verstopft den Verstand 48

– Bestandsaufnahme: Dein Arbeitsplatz heute – dein Arbeitsplatz morgen 49

– Die geheimnisvolle Wirkung vom Ausmisten 50

– Selbsttest: Wie gut ist dein fotografisches Schreibtisch-Gedächtnis? 51

– Eine gute Vorbereitung ist die halbe Entrümpelung 52

– Die sechs goldenen Regeln für einen aufgeräumten Arbeitsplatz 55

– Der richtige Zeitpunkt zum Ausmisten 57

Zeit-Management 59

– Selbsttest: Welcher Timing-Typ bist du? 59

– Zeitdiebe 61

– Der große Monatsplan 65

– Der Profi-Wochenplan 68

– Der perfekte Tagesplan 71

– Bist du gut organisiert? 72

– Professionelles Pausen-Management 76

Deine Ziele, deine Ängste 81

– Stressfaktor 82

– Die Zielvereinbarung 83

– Wie du Selbstzweifel in den Griff bekommst 88

– Vom Umgang mit der Angst 89

– Wie du deine Angst abbauen kannst 90
– Das Sommer-Bild in deinem Kopf 91
– Lampenfieber vor Klassenarbeiten – nicht nötig 93

Wellness für die kleinen grauen Zellen 95
– Gesunde Ernährung ist die halbe Miete 95
– Mit vollem Magen lernt sich's schlecht 97
– Dein Wasserhaushalt 99
– Welcher Esstyp bist du? 99
– Gesundheits-Checkliste 102
– Schlafen macht schlau 103
– Topfit und gute Noten 103
– Deine emotionale Intelligenz 104
– Auftreten 106

Lösungen 107

Anhang und Internetadressen 109

Worum es in diesem Buch geht

Hallo!
Du willst erfahren, wie man »richtig« lernt?
Wie du effektiv üben kannst?
Wie sich deine Schulnoten verbessern lassen?
Du lernst und lernst – aber nichts bleibt so richtig hängen?
Du gibst dir Mühe und willst es zu etwas bringen, aber zweifelst an deinen Merkfähigkeiten?

Dann ist dieses Buch das richtige für dich. Wer seine Schulleistungen verbessern will, benötigt nicht nur Sach- und Fachinhalte. Ebenso wichtig sind geeignete Lernmethoden und Übungspraktiken sowie Ehrgeiz und Beharrlichkeit. Genau darum geht es im Folgenden.

Wir zeigen dir, welche Voraussetzungen du brauchst, um richtig lernen zu können. Das geht schon mit deiner Ernährung los. Oder mit deiner Arbeitsumgebung – also mit deinem Arbeitsplatz. Du erfährst, wie entscheidend dein Umfeld für deinen Lernerfolg ist. Und wie verheerend sich beispielsweise ein falsch eingerichteter Schreibtisch auf deine Schulnoten auswirken kann.

Wir erklären dir, wie das Denken funktioniert, wir stellen erprobte Lernmethoden vor und zeigen dir effektive Arbeitstechniken. Du bekommst Tipps, wie du deine Konzentration steigern und leichter lernen kannst, wie du deine Stärken erkennst und wie du deine Noten möglichst schnell verbesserst. Und zwischendrin haben wir eine ganze Reihe praktischer Denk-Übungen eingebaut. Gleich auf der nächsten Seite findest du eine ganz einfache Übung, sozusagen zum »Reinschnuppern«.

Und dann geht's richtig los …

Viel Spaß beim Lesen!
Britta Weimer und Sabine Heß

ÜBUNG: DENK-TRAINING – KONZENTRATION

Kreise bitte in möglichst kurzer Zeit jene fünf Begriffe ein, die doppelt vorkommen.

Kirche, Fußball, Kanzler, Schiedsrichter, Montag,
Priester, Nase, Torwart, Kanzel, Bunt, Turm, Politik,
Bundesrat, Ball, Bundespräsident, Kirchtor, Fußball,
Fall, Hase, Bundeswehr, Bunt, Kirche, Ballnacht,
Rasen, Elfmeter, Nachtfahrt, Pfarrer, Kindergarten,
Medizin, Brötchen, Bundestag, Computer, Ameise,
Montag, Torwart, Mittwoch, Anpfiff, Kirchturm,
Pfarrer, Morgen

Die doppelten Begriffe lauten:

1. ______________________

2. ______________________

3. ______________________

4. ______________________

5. ______________________

Die Lösungen findest du auf Seite 107.

Mit dieser Übung kannst du deine Konzentration schulen. Je schneller du die doppelten Begriffe findest, desto besser. Wenn du länger als eine Minute gebraucht hast, solltest du ein bisschen mehr trainieren. Wenn dir diese Übung schwer fällt, sprich die Begriffe laut aus – so kannst du sie dir besser merken.

Ein anderer Trick: Gehe systematisch vor, also beginne mit »Kirche« und suche den Text nach »Kirche« durch. Dann mach weiter mit dem Begriff »Fußball« und so weiter. Oder aber du versuchst dir die Dinge bildlich vorzustellen, vielleicht kannst du dich dann besser erinnern. Weitere Tipps, wie du am besten solche oder andere Aufgaben bewältigen kannst, erhältst du auf den folgenden Seiten.

Überlege noch einmal genau, wie es dir bei dieser ersten Übung ergangen ist.

Kreuze dann an, ob sie dir schwer oder leicht gefallen ist, und begründe deine Antwort.

O ist mir schwer gefallen, weil

O ist mir leicht gefallen , weil

Wie bei allen Übungen im Leben gibt es natürlich auch zu dieser Übung den einen oder anderen Trick, um sie besonders schnell und besonders »sicher« zu lösen. Wir geben dir jetzt ein paar Tipps und anschließend kannst du dann die Übung mit anderen Begriffen wiederholen. Versuche, die Ratschläge zu befolgen und beobachte dich selbst beim Lösen der Aufgabe. Wenn es diesmal schneller ging als auf der Vorseite, dann hast du bereits etwas gelernt: Und zwar wie du schnell und systematisch an eine komplexe Aufgabenstellung herangehen kannst.

> TIPP: Es hat wenig Sinn, sich die 5 Zeilen zunächst einmal durchzulesen. Diese Zeit kannst du dir sparen, denn mehr als 7 Begriffe kann man sich sowieso nicht auf einmal merken. Das gilt jedoch nicht für »richtige« Texte, wie z.B. Geschichten.

> TIPP: Beginne gleich mit dem ersten Begriff. Sprich ihn laut aus – so kannst du ihn besser behalten. Nun lässt du dein Auge alle Zeilen entlanglaufen und suchst, ob der Begriff doppelt vorhanden ist.

> TIPP: Konzentriere dich auf die Schreibweise. Im Fall der neuen Übung, die nun folgt, kannst du zum Beispiel nach einem Wort mit einem großen K suchen.

> TIPP: Da du auf der Suche nach lediglich EINEM Begriff bist, darfst du auch die Zeilen von hinten nach vorne »abtasten«, du kannst es auch »scannen« nennen. Das ist in diesem Fall erlaubt.

So, nun versuche es erneut! Es sind wieder fünf doppelte Begriffe versteckt.

Kloster, Fußpilz, Tanz, Schiedsrichter, Lachen, Priester, Nase, Weltmeisterschaft, Kanzel, Bunt, Tanzen, Politik, Bundesrat, Ball, Bundespräsident, Kirchtor, Verknallt, Hase, Bundeswehr, Bunt, Kloster, Ballnacht, Verlobt, Verliebt, Fußpilz, Nachtfahrt, Pfarrer, Kindergarten, Medizin, Liebesdrama, Bundestag, Liebesbrief, Kuss, Lachen, Weltmeisterschaft, Mittwoch, Liebe, Kirchturm, Pfarrer, Laut

Die doppelten Begriffe lauten:

1. ____________________

2. ____________________

3. ____________________

4. ____________________

5. ____________________

Die Lösungen findest du auf Seite 107.

LERNSTRATEGIEN

WAS DU ÜBER DIE GEHIRNFUNKTIONEN WISSEN SOLLTEST

Dein Gehirn funktioniert arbeitsteilig. Es besteht aus zwei Hälften, den so genannten Hemisphären: Die rechte Seite unseres Körpers wird von unserer linken Gehirnhälfte gesteuert, die linke Seite unseres Körpers von der rechten Gehirnhälfte.

Die beiden Hälften sind nicht identisch, sondern sie haben völlig unterschiedliche Aufgaben. Bei den meisten Menschen ist die linke Hälfte logisch und zahlenorientiert, die rechte Gehirnhälfte kreativ und bildhaft ausgerichtet. Bei Linkshändern ist es genau umgekehrt.

Kleinkinder denken eher in Bildern – also mit der rechten Gehirnhälfte. Erst mit dem Eintritt in die Schule ändert sich das, denn im Unterricht wird überwiegend das logische Denken gefordert – also die linke Gehirnhälfte beansprucht. Wir lernen zum Beispiel mit Zahlen umzugehen, ordentlich zu schreiben und viele andere Dinge, die logisches Denken erfordern. Dabei verkümmert oft die rechte Hälfte zunehmend.

Man lernt allerdings nur dann besonders intensiv, wenn man die Fähigkeiten beider Gehirnhälften einsetzt. Um unser Gehirn optimal auszunutzen, müssen beide Gehirnhälften aktiv sein. Dein Ziel muss es also sein, beide Gehirnhälften zu aktivieren.

TIPPS ZUR AKTIVIERUNG BEIDER GEHIRNHÄLFTEN

Hampelmann – Bewegungen abwechseln

Hüpfe wie ein Hampelmann; schlage die Hände über dem Kopf zusammen, wenn sich deine Füße auf dem Boden treffen. Nun ändere den Rhythmus: Wenn deine Beine geschlossen und beide Füße auf dem Boden sind, müssen deine Arme ebenfalls unten sein.

Du wirst merken, dass es nicht ganz einfach ist, sich umzustellen. Vermutlich versuchst du auch, dir den Hampelmann im Kopf bildhaft vorzustellen und gleichzeitig praktisch umzusetzen.

Augen kreisen lassen

Mache Überkreuzbewegungen mit deinen Augen (Augenrollen) und verfolge die liegende Acht. Das gleiche kannst du dann auch mit geschlossenen Augen machen, indem du dir die Acht vorstellst.

Schon solche kleinen Übungen bringen beide Gehirnhälften auf Touren und fördern deine Konzentration. Idealer Zeitpunkt: Kurz vor dem Vokabellernen oder vor einer Klassenarbeit.

Häufig wird unser Gedächtnis gern mit dem Informationsspeicher eines Computers verglichen. Aber hättest du gedacht, dass die Speicherfähigkeit des menschlichen Gehirns die eines Computers millionenfach übertrifft?

Gewisse Teile unseres Gehirns sind hauptsächlich für die Lern- und Gedächtnisprozesse verantwortlich: In der so genannten Großhirnrinde sind unsere Gedächtnisinhalte gespeichert. Im so genannten Zwischenhirn, einschließlich des *Thalamus*, werden alle eintreffenden Informationen mit Gefühlen versehen, bevor sie in der Großhirnrinde abgespeichert werden.

Der »Thalamus«, die größte graue Kernmasse des Zwischenhirns (Hypothalamus) ist im Gehirn sozusagen die Sammelstelle für die Sinnessysteme mit Ausnahme des Geruchssinnes.

So gesehen funktioniert unser Gehirn wirklich ein wenig wie ein Computer: Man nimmt etwas auf und speichert es ab. Doch wie geht das denn nun mit der Abspeicherung von Informationen in unserem Gehirn?

1. SCHRITT: DAS ULTRAKURZZEITGEDÄCHTNIS

Aus unserer Umwelt gelangen über unsere Sinnesorgane in einer Sekunde 10 Milliarden Informationseinheiten zum Gehirn. Diese Infoflut muss gefiltert werden, bevor sie die Großhirnrinde erreicht. Unser Gehirn wählt daher nur einen Teil davon aus, nämlich etwa 100 Informationseinheiten, die sich von den anderen Nachrichten oder Eindrücken abheben oder in Zusammenhang mit bereits erlebten Ereignissen stehen.

2. SCHRITT: DAS KURZZEITGEDÄCHTNIS

Hier werden die Informationseinheiten ein zweites Mal gefiltert. Es bleiben nur noch 10 davon in einer Sekunde übrig, die nun kurzfristig gespeichert werden. Informationen mit 7 bis 8 Zeichen können einige Sekunden bis maximal 20 Minuten gespeichert werden.

3. SCHRITT: DAS LANGZEITGEDÄCHTNIS

Auf diesen Gedächtnisteil können wir auch nach vielen Jahren zurückgreifen. Es wird allerdings nur noch eine Informationseinheit pro Sekunde abgespeichert.

Automatisch gehen hier solche Dinge ein, die wir selbst intensiv erlebt haben und denen wir eine Bedeutung beimessen.

Wo die Informationen nicht wirklich »erlebt« und damit wichtig und anregend genug werden, um sich im Gedächtnis einzuprägen – beispielsweise beim Lernen also –, sollte jede Information mehrfach wiederholt werden.

Wenn richtig gelernt wird – also rechte (kreative) und linke (logische) Gehirnhälfte zusammen –, reichen meist 5 bis 7 statt 20 bis 30 Wiederholungen aus.

Nach aktuellen wissenschaftlichen Erkenntnissen nutzen wir durchschnittlich nur ein Prozent unseres geistigen Potenzials, weil wir nicht effektiv genug lernen.

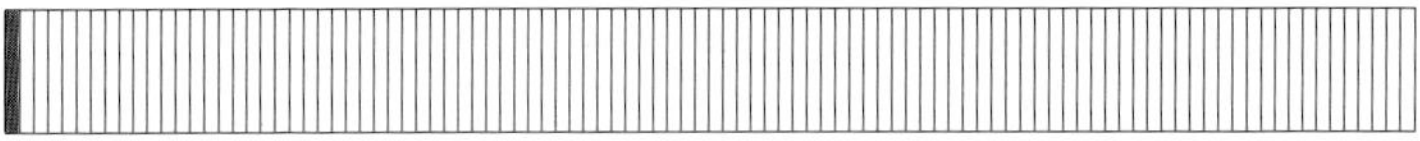

Stell dir vor, die 100 Felder zeigten die Kapazität deines Hirns. Tatsächlich nutzt du im Leben nur ein Hundertstel – also nur ein einziges Feld deines geistigen Potenzials.

WIE BEREITE ICH MICH AM BESTEN AUF EINE KLASSENARBEIT VOR?

Viele Schüler glauben, dass sie dann eine gute Note schreiben, wenn sie möglichst kurz vor der Klassenarbeit üben, damit sie nicht so viel vergessen. Doch das ist ein großer Irrtum, denn so funktioniert unser Gedächtnis leider nicht. Es braucht einige Zeit, bis der Lernstoff gespeichert wird und bei Bedarf abgerufen werden kann.
Außerdem hat ein später Lernbeginn zur Folge, dass zu viel auf einmal wiederholt werden muss. Und das Kurzzeitgedächtnis ist dann auch überfordert, weil das nicht seine Aufgabe ist.

Darum sollte man als oberste Regel stetig und aktiv im Unterricht mitarbeiten, dann bleiben die Informationen viel einfacher hängen und man spart sich anschließend eine Menge Arbeit, weil vieles schon automatisch gespeichert wurde.

Außerdem ist es hilfreich, sich den Lernstoff mit eigenen Worten schriftlich zu notieren, weil sie sich besser im Gedächtnis einprägen.

Versuche, eine Klassenarbeit zu Hause zur »Probe« zu schreiben. Oder fertige dir Lernplakate an und schreibe dir legale Spickzettel (legal, weil der Zettel zu Hause bleibt). Du wirst merken, dass du dich während der Prüfung daran erinnerst und alles in deinem Kopf vor Augen hast – und du kannst nun guten Gewissens und ganz entspannt in die Schule gehen. Allein durch diese Sicherheit und die positive Einstellung, weil du weißt, dass du gut vorbereitet bist, wird dir vieles leichter fallen.

Entscheidend ist aber, mit dem Lernen nicht erst am Tag vor der Klassenarbeit zu beginnen.

ÜBUNG: DENK-TRAINING – FLEXIBILITÄT

Bilde aus den folgenden Begriffen jeweils fünf zusammenhängende Substantive. Das vorgegebene Wort soll dabei immer am Wortanfang stehen!

Beispiel »Haus-...«: Hausarzt, Haustür, Haushalt, Hausboot, Hausputz

Tür- ______, - ______, - ______, - ______, - ______

Sonnen- ______, - ______, - ______, - ______, - ______

Kauf- ______, - ______, - ______, - ______, - ______

Ehe- ______, - ______, - ______, - ______, - ______

Straßen- ______, - ______, - ______, - ______, - ______

Nun wähle selbst fünf Begriffe aus und bilde zusammengesetzte Substantive!

1. ______- ______, - ______, - ______, - ______, - ______

2. ______- ______, - ______, - ______, - ______, - ______

3. ______- ______, - ______, - ______, - ______, - ______

4. ______- ______, - ______, - ______, - ______, - ______

5. ______- ______, - ______, - ______, - ______, - ______

WELCHER LERNTYP BIST DU?

Stell dir vor, dein Gehirn sei ein Fischernetz. Die Vernetzung findet im Wesentlichen im Zeitraum *kurz vor der Geburt bis 3 Monate danach* statt.

Der Teil des Gehirns, der vor der Geburt entsteht, wird geprägt durch die *Erbanlagen*. Nach der Geburt wird die Vernetzung entscheidend erweitert durch die Einflüsse der *Umwelt*. Jedes Gehirn erhält so sein individuelles Grundmuster.

Die frühen kindlichen Erfahrungen bestimmen wesentlich, welche Sinnesorgane der Mensch später bevorzugt nutzt. Sinnesorgane sind Eingangskanäle, durch die Informationen ins Gehirn gelangen. Dies geschieht durch: Sehen, Hören, Riechen, Schmecken und Tasten. Daraus lassen sich bestimmte Lerntypen ableiten.

Man spricht in der Regel von drei Lerntypen: Hören, Sehen und Fühlen.

Welcher Lerntyp du bist, hängt also mit dem Grundmuster in deinem Gehirn zusammen und verrät dir viel über deine früheste Kindheit.

Eine gute Nachricht ist: Falls bei dir eine Fähigkeit nicht besonders ausgeprägt ist, kannst du sie später noch »nachholen«, und zwar durch gezieltes Benutzen der anderen Sinne. Du kannst beispielsweise üben, bestimmte Informationen ganz bewusst gleich über mehrere Eingangskanäle aufzunehmen – man nennt das »Mehrkanallernen«.

Welcher Lerntyp du bist, wird schnell klar, wenn du folgende Fragen beantwortet hast:

Ich lerne am besten durch

A) Zuhören.
B) Lesen.
C) Aufschreiben.

Ich merke mir am besten

A) Musik und gesprochenen Text.
B) Gesichter und Bilder.
C) Dinge, die ich gelesen habe.

Wenn ich es mir aussuchen kann, lerne ich Vokabeln am liebsten mit

A) Walkman mit Übungs-CD.
B) einem bebilderten Lernprogramm am PC.
C) Vokabel-Teil im Schulbuch.

Liedertexte lerne ich am besten auswendig, wenn ich

A) sie immer wieder mitsinge.
B) mir etwas dazu aufmale.
C) sie einmal mitschreibe.

Neue Themen im Unterricht verstehe ich am besten, wenn der Lehrer

A) ausführlich und verständlich darüber erzählt.
B) sie mit einem Experiment, Versuchsobjekt oder Beispiel erklärt.
C) sie an die Tafel schreibt.

Wenn ich mir zehn Gegenstände merken soll,

A) sage ich sie mir immer wieder auf, bis ich sie kann.
B) präge ich mir die Gegenstände so ein, wie sie vor mir liegen. Denn ich habe ein gutes fotografisches Gedächtnis.
C) schreibe ich mir eine Liste und übe durch Abdecken und Nachlesen.

Man ist aber niemals nur ein Lerntyp. Jeder von uns hat immer auch Teile der anderen Lerntypen in sich vereint!

Wenn du überwiegend A geantwortet hast:

Dann bist du der *Hör-Typ* – auch *Audio-Typ* genannt – und hast damit in der Schule einen klaren Vorteil, da im Unterricht ja viel mündlich erklärt wird. Du musst nur gut zuhören und kannst dir den Lernstoff auf diese Weise schnell merken.

Am besten kannst du dir den Lernstoff zu Hause durch halblautes, aber sehr deutliches Vorlesen einprägen.

Schwierige Sachverhalte kannst du dir einfach auf Kassette aufnehmen und dann ein paar Mal anhören. Du merkst dir dabei schon eine Menge, da du zum Aufnehmen eine Auswahl treffen wirst. So filterst du automatisch die wichtigsten Fakten heraus.

Zum Sprachenlernen solltest du dir unbedingt auch Kassetten besorgen. Wenn du etwas gar nicht verstanden hast, lass es dir von jemandem noch einmal mündlich erklären. Versuche dann, es in deinen eigenen Worten zusammenzufassen und zu wiederholen.

Wenn du überwiegend B geantwortet hast:

Dann bist du der *Seh-Typ* – also ein so genannter *visueller Typ*. Lernen in der Schule läuft immer noch hauptsächlich über die Kanäle Hören und Lesen. Für Sehtypen ist es jedoch wichtig, beim Lernstoff eine bildliche Darstellung zu finden.

Insbesondere Skizzen, Abbildungen und Zeichnungen solltest du intensiv betrachten. Wenn es sich anbietet, merkst du dir am meisten, wenn du selbst eine Skizze anfertigst. Das geht natürlich nicht immer. Der Trick, den du aber immer anwenden kannst, ist, ein Bild im Geiste zu malen. Entwickle bewusst bildliche Vorstellungen vom Lernstoff. Denke dir eine Geschichte zum Thema aus. Dann kannst du immer deinen persönlichen Lernfilm abrufen. Toll sind auch Dinge, die du tatsächlich anschauen kannst – wie wäre es zum Beispiel mal mit einem freiwilligen Museumsbesuch?

Wenn du überwiegend C geantwortet hast:

Dann bist du der *Lese-Typ*! In dem Fall solltest du den Lernstoff aus dem Unterricht zu Hause noch einmal nachlesen. Vielleicht macht es dir auch Spaß, zusätzliche Texte zum Thema zu finden und zu lesen. Schaff dir eine kleine Bibliothek an, mit Lexika, Sachbüchern und Zeitschriften; wenn du Zugang zu einem Computer hast, schau im Internet nach, ob es etwas zum Thema gibt.

Auch wenn nur wenig Material zur Verfügung steht, versuche immer die Texte kurz zusammenzufassen, so arbeitest du das Wesentliche heraus und kannst den Stoff bei Bedarf schnell wieder auffrischen.

ÜBUNG: DENK-TRAINING – KREATIVITÄT

Auf der linken Seite findest du den Begriff »Denksport« von oben nach unten geschrieben. Auf der rechten Seite steht das Wort »Denksport« von unten nach oben geschrieben. Versuche nun, die Lücken so auszufüllen, dass sinnvolle Begriffe mit den vorhandenen Anfangs- und Endbuchstaben entstehen.

D ______________________________ T
E ______________________________ R
N ______________________________ O
K ______________________________ P
S ____CHOKOEI__________________ S
P ______________________________ K
O ____HRE______________________ N
R ____OLL______________________ E
T ____O________________________ D

Mit dieser Übung kannst du deine Kreativität fördern – und je kreativer du bist, desto schneller fallen dir vielleicht in anderen Bereichen verschiedene Lösungen zu einem Problem ein, auf die du früher nie von selbst gekommen wärst.

Übrigens: Je länger deine Wörter sind, desto schwieriger wird es natürlich.

WIE KRIEG ICH DAS BLOSS IN MEINEN KOPF?

Viele Lehrer und Eltern machen es sich einfach und behaupten: »das musst du einfach einpauken« und »auswendig lernen«.

Du solltest dich jedoch eher nach denen richten, die dir sagen, dass regelmäßiges Üben und Wiederholen am wichtigsten sind.

Denn die Wissenschaft hat erkannt, dass es so genannte *Lernkurven* gibt. Sie funktionieren folgendermaßen: Zu Beginn eines Lernvorgangs wird am schnellsten gelernt. Je länger man sich aber mit einem neuen Sachverhalt beschäftigt, umso langsamer wird der Lernfortschritt.

> *Lieber öfter mal kurz üben, öfter mal die Vokabeln wiederholen – und keinesfalls glauben, man könne durch langes Sitzen und langes Lernen besonders viel behalten.*

In der Wissenschaft nennt man das »verteiltes Lernen« und meint damit, dass es ökonomischer ist, den Lernstoff in mehreren kleinen Teilen zu lernen, als im Ganzen auf einmal.

Und noch etwas hat man in der Lernforschung herausgefunden: Wir können sowieso auf einmal nur rund 7 einfache Alternativen aufnehmen. Das ist natürlich von Person zu Person ein wenig verschieden.

Es hat also gar keinen Zweck, zu glauben, du könntest auf einmal 20 neue Vokabeln behalten.

Nimm dir maximal 10 neue Begriffe vor und mach

dann lieber eine Pause. Denn versuchst du einfach weiter zu »pauken«, so bringt dir dieses Überlernen praktisch keinen Gewinn.

Und dann gibt es noch die berühmte *Vergessenskurve*. Die solltest du kennen, denn nach Beendigung des Lernvorgangs wird zunächst rasch vergessen. Und genau deswegen benötigen wir so dringend die permanente Wiederholung. Das Wiederholen von Lernstoff erfordert nämlich nur einen Bruchteil der Lernarbeit, die für das ursprüngliche Lernen notwendig war.

Hast du schon einmal bewusst darüber nachgedacht, dass das Lernen immer aus mehreren kleinen Einzelschritten besteht? In der Lernpsychologie spricht man von *Verhaltensblöcken*, die irgendwann automatisch ablaufen.

Nehmen wir als Beispiel einmal das »Rückwärts-Einparken«. In Wahrheit besteht dieser Lernvorgang aus vielen kleinen Einzelschritten: Parklücke finden, passend vorfahren, auskuppeln, Rückwärtsgang einlegen, nach hinten schauen, rechte Hand über die Sitzlehne legen, linke Hand am Lenkrad ...

Nur wer alle Einzelschritte beherrscht und vor allem wer sie auch aneinander reihen kann, nur der wird auch das Auto einparken können.

Ähnlich ist es bei anderen Lernvorgängen. So, wie es zum Einparken nicht genügt, nur nach hinten zu schauen, genügt es auch nicht, eine neue Vokabel ins Deutsche übersetzen zu können. Man muss sie auch vom Deutschen ins Französische übersetzen können und man muss andere Wörter sowie die Grammatik kennen, um einen Satz bilden zu können, denn mit einer einzigen Vokabel kommt man nicht weit.

> *Je mehr zusätzliche Informationen man erhält, umso besser »sitzt« das Gelernte anschließend.*

Was beim Lernen oft hilft, sind so genannte Oberbegriffe. Mit ihnen kann man ähnliche Gegenstände oder Bezeichnungen zusammenfassen. Die Ordnung von Lernstoffen nach Oberbegriffen erleichtert das Lernen wesentlich.

Je komplizierter und vielfältiger der Lernstoff wird, umso besser werden dir solche Gliederungen weiterhelfen. Ein hierarchisches System macht auch eine ungeheuer große Zahl von Gegenständen überschaubar.

Die wenigsten Dinge, die man lernen muss, sind jedoch bereits durch ein perfektes System von Oberbegriffen geordnet. Meistens muss man beim Lernen selbst danach suchen. Wenn der Lernstoff besonders umfangreich und kompliziert ist, dann sollte er auf verschiedenen Ebenen in Oberbegriffe gegliedert werden. Ein Beispiel dafür ist *Mind-Mapping*. Auf der folgenden Seite findest du dazu eine anschauliche Grafik.

Mind-Mapping

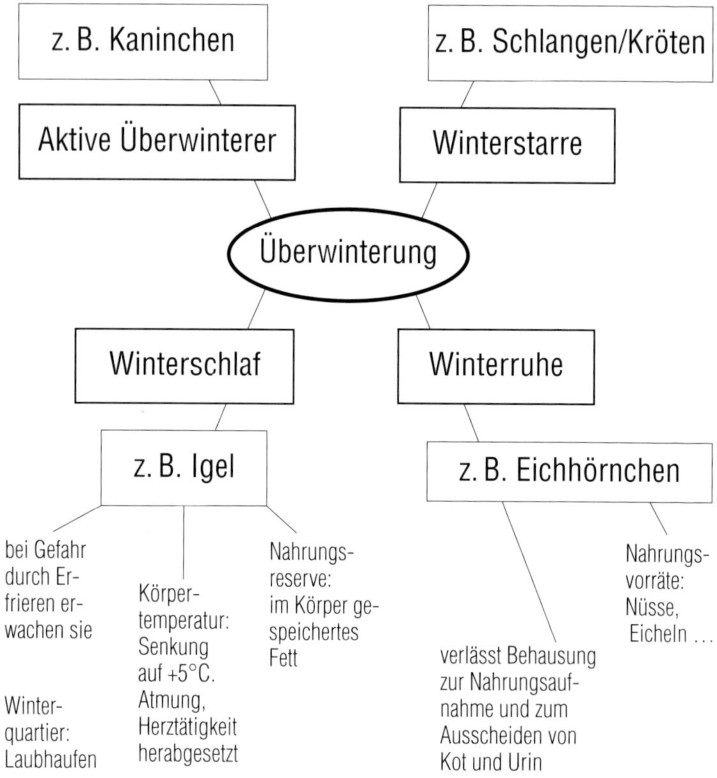

Zusammengefasst heißt das für dich beim Lernen:

- Lernstoff aufteilen
- Nicht überlernen
- Häufig kurze Lernpausen machen
- Wiederholen
- Sinnvolle Blöcke trainieren, also nicht zu lange nur die Einzelelemente üben
- Nach Oberbegriffen suchen, also das Lernmaterial in leicht erfassbare Abschnitte teilen, die sinnvoll zusammengehören.

ÜBUNG: DENK-TRAINING – KREATIVITÄT

Für diese Übung brauchst du mindestens drei Buntstifte. Entwirf eine Fantasie-Pflanze und zeichne außerdem einen ausgefallenen Blumentopf.

Wenn du diese Übung öfter machst, wirst du merken, dass dir jedes Mal etwas anderes einfällt – je abwechslungsreicher, desto besser, denn das trainiert dein Gehirn. Auch wenn es banal klingen mag, so trainierst du, dass dir dann auch in der Schule bei Aufgabenstellungen mehrere Lösungswege einfallen.

Hier kannst du deine Fantasieblume(n) malen:

WEISHEITEN AUS DER LERNPSYCHOLOGIE

Psychologen schätzen, dass jeder von uns täglich rund 60 000 Gedanken produziert. Bedauerlicherweise sind 95 Prozent davon exakt dieselben wie am Vortag. Der Großteil unserer geistigen Tätigkeit besteht aus Wiederholung. Verstärkt wird das Phänomen durch Radiosendungen und Fernsehen, Zeitschriften und ständige »Berieselung«, die wir unbewusst zulassen. Dabei vernachlässigen wir es oft, gezielt dafür zu sorgen, dass unser Gehirn neues Futter bekommt.

> TIPP: Versuche, möglichst häufig bewusst neue Informationen in dich aufzunehmen. So könntest du beispielsweise auf dem Weg zur Schule einfach mal eine Zeitung oder ein Buch lesen und den iPod zu Hause lassen. Am besten nimmst du dir etwas mit, was dich auch interessiert – es kann am Anfang ruhig der Sportteil einer Tageszeitung oder etwas über Mode in einer Zeitschrift sein. Am besten machst du dir das zur Gewohnheit – und dann probiere es mit Themen, die du bisher eher gemieden hast, zum Beispiel Politik oder Literatur.

Du wirst merken, dass du mit der Zeit zwischen verschiedenen Bereichen automatisch Verknüpfungen herstellst, die es dir erleichtern, die gelesenen Dinge zu behalten und dir weitere Gedanken dazu zu machen. Und du wirst sehen, dass es richtig Spaß machen kann, sich auf verschiedenen Gebieten weiterzubilden.

Noch eine weitere Erkenntnis aus der Lernpsychologie: Chaos und Durcheinander schädigen die geistige Entwicklung. Ein unordentlicher Haushalt beispielsweise kann die geistige Entwicklung von Kindern stark schädigen, denn Chaos hat negativen Einfluss auf die kognitiven Fähigkeiten des Menschen – also alles, was mit seinem Verstand zusammenhängt, von reinem Faktenwissen bis hin zur Anwendung des Gelernten und dem Lösen von Herausforderungen. Dies ergab eine Untersuchung der Universität Pennsylvania, die im »New Scientist« veröffentlicht wurde.

> TIPP: Gib dir einen Ruck und halte in deinem Zimmer einigermaßen Ordnung. Du sparst damit auf Dauer auch Zeit, weil du deine Sachen viel schneller wiederfindest. Und so, wie es mit deinem Zimmer ist, ist es auch mit deinem Gehirn: Je besser du organisiert bist, desto leichter wird es dir fallen, neue Dinge in dich aufzunehmen und sie an der richtigen Stelle einzuordnen und wiederzufinden.

ANTI-AUFSCHIEBE-STRATEGIEN

Lege eine Liste mit allen Aufgaben an, die dich erwarten – inklusive aller aufgeschobenen und belastenden Dinge. Dann frage dich selbstkritisch, ob du eine bestimmte Aufgabe in absehbarer Zeit erledigen wirst oder unbedingt musst. Wenn nicht, dann streiche diese Aufgabe mit einem roten Stift aus deiner Liste. Du wirst merken, dass es sicherlich mehrere Dinge gibt, die du schon länger mit dir herumträgst und immer mal erledigen wolltest, die aber gar nicht mehr aktuell sind und dich unnötig immer wieder aus dem Konzept bringen.

Nun nimm ein neues Blatt und schreibe die wichtigsten Aufgaben an oberste Stelle und die unbedeutendsten Aufgaben an den Schluss. Schreibe dahinter, bis wann du was erledigt haben möchtest.

> **TIPP:** Vielleicht lassen sich manche Dinge auch zusammenfassen oder auf einmal erledigen. Wenn du zum Beispiel mehrere Personen hast, denen du mal wieder einen Brief oder eine E-Mail schicken wolltest, und eine davon steht auf deiner Liste ganz oben, weil sie in den nächsten Tagen Geburtstag hat, dann plane statt einer halben Stunde lieber gleich anderthalb Stunden Zeit ein und erledige alle Briefe, Postkarten oder E-Mails auf einmal. Das gibt dir zum einen das gute Gefühl, bei den anderen Personen nicht in Zeitdruck zu kommen, und du kannst zudem gleich mehrere Punkte von deiner Liste streichen.

Bei größeren Projekten solltest du die Aufgabe in kleine konkrete Schritte zergliedern. Man nennt das die *Salami-Technik*. Schreibe beispielsweise nicht: »Ich möchte alle Vokabeln in Englisch von Lektion 1 bis Lektion 11 wiederholen«, sondern nimm dir vor:

Lektion 1 Englisch – 1. Woche
Lektion 2 Englisch – 2. Woche usw.

Erzähle ruhig auch anderen von deinem Zeitplan, zum Beispiel deinen Eltern, Geschwistern oder Freunden. Fordere sie auf, dich in gewissen Abständen zu fragen, wie weit du bist. Vielleicht gibt es ja sogar Klassenkameraden, die deinem Beispiel folgen und sich ebenfalls einen Plan anlegen. Vielleicht gibt es sogar Punkte, die bei euch übereinstimmen und die ihr gemeinsam erledigen könnt – abgesehen davon, dass es mit mehreren mehr Spaß macht, kann das bei manchen Aufgaben auch sehr förderlich sein. Das betrifft aber beispielsweise nicht die Mathematikaufgaben, die natürlich jeder für sich selbst lösen und üben sollte.

Auch bei Aufgaben im Haushalt kannst du dich an

deinem Zeitplan orientieren und mit anderen absprechen. Vielleicht gibt es auch hier Dinge, die du schon lange vor dir herschiebst und die sich mit ein bisschen Überwindung oder mit der Hilfe von Geschwistern, Eltern oder Freunden relativ schnell erledigen lassen und dann von deiner Liste verschwunden sind.

Sieh zu, dass dein Kopf für die wichtigen Dinge frei wird. Ordnung und Organisation sind dabei der allererste Schritt. Die Aufschiebe-Taktik ist keine Lösung.

> *Erfolge müssen belohnt werden. Denk dir (vielleicht sogar zusammen mit Erwachsenen) eine Belohnung aus, die du erhältst, wenn du deine Aufgabe ordnungsgemäß und im vorgesehenen Zeitrahmen erledigt hast.*

HILFE, ICH KANN MIR NICHTS MERKEN! GIBT ES TECHNIKEN ZUM AUSWENDIGLERNEN?

Ja, es gibt Techniken. Das Gehirn funktioniert wie ein Muskel, man kann es also auch trainieren. Es hat eine riesige Speicherkapazität, aber wir nutzen nur einen kleinen Teil davon. Erst durch Wiederholungen kann eine neue Information in den Langzeitspeicher gelangen, das so genannte Langzeitgedächtnis (vgl. auch Seite 18). Vokabeln beispielsweise stehen nur dann als Wissen im Langzeitgedächtnis zur Verfügung, wenn sie sinnvoll gelernt und ständig wiederholt worden sind.
Wusstest du, dass wir nur 10 Prozent von dem behalten, was wir lesen? Wer also meint, Vokabeln zu lernen, indem er sie einfach nur liest, der irrt gewaltig. Und wenn

man bedenkt, dass man nur 50 Prozent von dem behält, was man hört und gleichzeitig sieht, dann genügt es auch nicht, einfach eine CD mit den Vokabeln laufen zu lassen und mitzulesen. Dagegen bleibt 90 Prozent dessen, was man selbst tut oder bewusst durchdenkt, im Gedächtnis hängen.

Der schnellste Weg, um beispielsweise Vokabeln wirklich effektiv auswendig zu lernen, ist also: Vokabeln lesen, laut aufsagen, aus dem Gedächtnis aufschreiben, das Ganze mehrfach wiederholen und schließlich eigene Sätze mit dem neuen Begriff bauen.

Außerdem: Regelmäßiges Auffrischen spart Zeit und bringt Erfolg!

Zusammengefasst bedeutet das: Verstehen – aufschreiben – üben – und immer wieder wiederholen!

ÜBUNG: DENK-TRAINING – KONZENTRATION & LOGISCHES DENKEN

Welcher Tag ist gefragt? Versuche diese Übung innerhalb von einer Minute zu lösen. Du kannst dir auch einen Wecker stellen oder deine Armbanduhr neben dich legen. Aber bitte nur mit Zeitmesser arbeiten, wenn du dich fit fühlst und Lust dazu hast – viel wichtiger ist, dass du die Aufgaben löst. Die Zeitvorgabe ist lediglich ein zusätzlicher Nervenkitzel. Die Lösungen findest auf Seite 107.

1. Heute ist Dienstag. Welcher Wochentag ist drei Tage nach gestern?

____

2. Vorgestern waren es vier Tage vor Mittwoch. Welcher Tag ist morgen?

____

3. Morgen sind es noch drei Tage bis Freitag. Welcher Wochentag ist übermorgen?

____

4. Übermorgen ist Donnerstag. Welcher Wochentag war vorgestern?

____

5. Der Tag, der nach vorgestern kam, lag zwei Tage nach Sonntag. Welcher Wochentag ist dann heute?

____

DIE PISA-STUDIE – WAS DU DARÜBER WISSEN SOLLTEST

PISA-Tests sind internationale Vergleichsstudien, die in regelmäßigen Abständen durchgeführt werden. Die Abkürzung steht für »Programme for International Student Assessment« – und bedeutet so viel wie »Internationale Schüler-Beurteilung«.

Rund 180 000 Schüler aus 32 Staaten haben an der vergangenen internationalen Studie teilgenommen. Man hat herausfinden wollen, ob die schulischen Leistungen weltweit etwa auf dem gleichen Niveau liegen.

In Deutschland waren 219 Schulen an der letzten Studie beteiligt. In 3-stündigen Tests wurden 15-jährige Schüler in drei wichtigen Bereichen geprüft: im Lesen, in Mathematik und in den Naturwissenschaften. Die Tests bestanden aus einer Mischung von Multiple-Choice-Aufgaben und Fragen, für die die Schülerinnen und Schüler eigene Antworten ausarbeiten mussten.

Das Ergebnis war für Deutschland überraschend, denn laut dieser ersten Studie waren die Leistungen deutscher Schüler unerwartet schlecht. Nicht nur im mathematisch-naturwissenschaftlichen Bereich lagen die Deutschen in der unteren Tabellenhälfte. In der Disziplin »Lesen« landete Deutschland auf dem 21. Platz (von 32).

Die Spitzenreiter der PISA-Studie waren: Japan, Korea, Finnland und Neuseeland.

Natürlich sind in Deutschland nun alle verantwortlichen Personen bemüht, diese Mängel im Bildungswesen zu bekämpfen, um in kommenden Studien besser abzuschneiden.

Das beste deutschsprachige Land beim PISA-Test ist übrigens Liechtenstein. Die dortigen Schüler haben in

Mathematik, Lesefähigkeit und in den Naturwissenschaften Platz 5 erreicht.

Die Schweiz hat beim PISA-Test als zweitbestes Land im deutschsprachigen Raum abgeschnitten. Beim letzten Test mit Schwerpunkt Mathematik belegten die Schweizer Schüler Platz 7. Im Fach Naturwissenschaften stieg die Schweiz vom Platz 18. auf den 9. Platz auf. Im Lesen und beim Textverständnis reichte es für die Schweizer Schüler für den 11. Rang, nach Platz 17 im Vorjahr.

Österreichs Schüler liegen insgesamt mit ihren Leistungen im Mittelfeld der getesteten Länder. Bei den ersten Studien schnitten die Schüler noch deutlich etwas besser ab, sodass das Ergebnis nun zu heftigen Debatten im Land führte. Ähnlich wie in Deutschland scheint es auch in Österreich eine große Abhängigkeit zwischen der sozialen Herkunft und dem Schulerfolg zu geben.

Für dich sind in erster Linie aber vor allem deine persönlichen Leistungen wichtig. Und solltest du das Gefühl haben, dass es bei dir »Bildungslücken« gibt, dann ist entscheidend, wie du sie am besten und effektivsten stopfen kannst. Weitere Tipps und Tricks dazu erhältst du in den folgenden Kapiteln.

ÜBUNG: DENK-TRAINING – FLEXIBILITÄT

Bilde 20 sinnvolle deutsche Wörter, die sich aus den Buchstaben des Begriffs »Osterhase« zusammensetzen lassen. Du musst nicht unbedingt alle Buchstaben verwenden; es gelten beispielsweise auch die Worte »Ost« oder »Hose«.

Zeitvorgabe sollten 5 Minuten sein. Wenn du länger brauchst, versuche es gleich noch einmal und suche dir selbst neue Start-Begriffe aus.

1. Oase
2. Terasse
3. Ohr
4. ast
5. hast
6. Tasse
7. asse
8. er
9. hat
10. hase
11. Stroh
12. Ostsee

13. [illegible]

14. rest

15. rast

16.

17.

18.

19.

20.

HÖR AUF, DIR PERMANENT EINZUREDEN, DASS DU ES NICHT SCHAFFST!

Sich Sorgen zu machen ist absolute Zeitverschwendung. Wer dauernd darüber nachdenkt, dass er gewisse Aufgaben nicht schaffen wird, kann nicht klar denken.

Werde dir darüber bewusst, dass alle Themen, mit denen du dich befasst, Aufmerksamkeit und Energie kosten. Und verschwende deine Gedankenkraft – wenn möglich – nicht auf negative Gedanken und Sorgen.

Sobald du feststellst, dass du dir einredest, etwas nicht zu können, halte inne und denke an etwas anderes. Richte deine Gedanken auf das, was geschehen soll. Zum Beispiel auf eine gute Note oder ein Erfolgserlebnis in der Klasse. Richte deinen Blick auf schöne Dinge, die du bereits erlebt hast.

HÖR AUF ...

... ZU KLAGEN!

Wer dauernd nur stöhnt und schimpft, hat bald keine Freunde mehr. Außerdem werden die Gehirnzellen laufend mit negativen Informationen versorgt und das belastet zusätzlich. Halte deinen Kopf frei für die schönen Dinge des Lebens. So lernst du auch besser und leichter.

HÖR AUF ...

... ZU TRATSCHEN!

Verschwende deine Energie nicht darauf, schlecht über andere zu denken oder ständig über andere zu reden. Verbanne die Giftpfeile aus deinen Kopf und schaffe Platz für schöne Dinge. Automatisch wirst du dann auch besser lernen können. Probier es aus und du wirst staunen, wie überraschend gut das funktioniert!

DEIN ARBEITSPLATZ

DER ARBEITSPLATZ-TEST

Die PISA-Studie hat gezeigt, dass die häusliche Atmosphäre eine besondere Rolle für das erfolgreiche Lernen von Schülern spielt. Bildung setzt eine angenehme und anregende Umgebung voraus, in der man sich sicher fühlt.

Für ein erfolgreiches Üben benötigst du also beste Bedingungen. Ein Hauptaspekt ist dein Arbeitsplatz zu Hause.

Teste zunächst einmal, wie gut es um deinen häuslichen Arbeitsplatz bestellt ist. Kreuze bei jeder Frage »ja« oder »nein« an und zähle am Ende zusammen, wie oft du »ja« genommen hast. Sei dir gegenüber ganz ehrlich – die meisten Dinge lassen sich ohne großen Aufwand ändern. Und vielleicht achtest du in Zukunft auf manches einfach bewusster als bisher.

Frage		ja	nein
1	Der Schreibtisch gehört mir allein.	X	
2	Mein Stuhl hat die richtige Höhe.	X	
3	Ich habe genug Platz für meine Unterlagen.		X
4	Ich habe eine Uhr.		X

Frage		ja	nein
5	Ich habe Ruhe.		X
6	Das Zimmer ist gut temperiert.	X	
7	Fernseher und Radio sind ausgeschaltet, wenn ich arbeite.	X	
8	Mein Arbeitsplatz ist gut beleuchtet.	X	
9	Ich habe eine Pinnwand.	X	
10	Meine Familie stört mich nicht.		X

10 x »ja« (= trifft zu) angekreuzt:

Testergebnis: Sehr gut. Dein Arbeitsplatz ist einwandfrei.

7 – 9 x »ja« (= trifft zu) angekreuzt:

Abgesehen von einigen kleinen Mängeln, die du schnell beheben kannst, verfügst du über einen angemessenen Arbeitsplatz.

0 – 7 x »ja« (= trifft zu) angekreuzt:

Schon beim Beantworten der Fragen wirst du festgestellt haben, dass dein Arbeitsplatz zu wünschen übrig lässt. Du solltest schnellstens die Mängel beheben.

ÜBUNG: DENK-TRAINING – KREATIVITÄT

Erfinde eine Geschichte, in der jeder Satz mit einem anderen Buchstaben beginnt – und zwar in alphabetischer Reihenfolge (mindestens bis Buchstabe N).

A [illegible] Mitglieder

B Bernd freut sich schon riesig [illegible]

C hristine

D auch

E r ist schon sehr gespannt was

F für tolle und große

G Geschenke er kriegt.

H Hoffentlich auch endlich den tollen

I pool von Saturn. Christine will lieber

J etwas neues Tanni Raben weil er so schön

K anders ist. Sie

L liebt komische Sachen. Am

M liebsten mag sie karierte Hosen! So wurde

N Clowns olli und Polli.

O der sie machte eine neue

P uppe. Mama wünscht sich einen

Q uirl für die Küche. Papa will einen

R asenmäher oder ein neues paar

S kier, die sind letztes Jahr in

T irol kaputt gegangen. Er hat 'nen Sal
gemacht

U we hat sich

V oll schlapp gelacht.

W ilma allerdings war sehr besorgt

X enia auch. Das mochte Mama nicht. Ach
ja! Ein Schild mit meinem Namen

Y ermin wär auch toll! Oder ein
Jahresticket für den

Z oo!

DIE WIRKUNG VON GERÜMPEL AUF DEINE DENKFÄHIGKEIT

»Clutter« ist englisch und bedeutet so viel wie »Krempel« und »Gerümpel«. Das ist an sich nicht sonderlich interessant, wirst du vielleicht denken. Spannend wird der Begriff jedoch, wenn man sich damit beschäftigt, wie »clutter« entstanden ist.

Das englische Wort für »überflüssige Dinge«, »Kram« und »Unordnung« stammt vom Wort »clotter« ab. Und »clotter« heißt auf Deutsch »gerinnen«. Im Englischen wird also deutlich, was »alter Krempel« und »Plunder« im Leben eines Menschen anrichten können: Die Vorstellung, dass das Blut in den Adern »gerinnt«, ist nicht wirklich angenehm. In der englischen Sprache wird Unordnung also unmittelbar in Zusammenhang gebracht mit »gerinnen«, »ins Stocken geraten« oder »lähmen«.

Tatsächlich haben Wissenschaftler beobachtet, dass sich Menschen, die in großer Unordnung leben, weniger bewegen als Leute, die Ordnung halten. Krempelfreaks leiden häufiger an Übergewicht, an Verstopfung, an Müdigkeit und Depressionen, sind häufiger antriebslos und werden schneller krank. Und sie können Neues nicht so schnell und intensiv aufnehmen.

Menschen dagegen, die mit wenig Gerümpel leben, sind aktiver, beweglicher, fröhlicher, können leichter Entscheidungen fällen und sind viel aufnahmefähiger – kurz: sie können auch besser lernen!

DER BESITZ VON KRAM UND KREMPEL VERSTOPFT DEN VERSTAND

Die Ansammlung von Unordnung macht müde und träge. Leute mit viel Krempel neigen dazu, alles auf morgen zu verschieben. Während der Schulzeit hat das zur Folge, dass sie eines Tages den Lernstoff nicht mehr aufholen können.

Unordnung lässt nun mal deine Lebenskraft stagnieren. Unordnung macht es dir außerdem schwerer, dich aufzuraffen, etwas zu lernen. Unordnung raubt dir Kraft. Außerdem ist Unordnung die Hauptursache für Streitereien in Familien. Unordnung macht zudem chaotisch – und du verlierst enorm viel wertvolle Zeit bei der Suche nach Dingen, die du verlegt hast, weil du keine Ordnung hältst. Insgesamt führt Unordnung also zur Minderung deiner Lebensfreude. Vor allem aber dämpft Unordnung deine Fähigkeit, dich für Neues zu interessieren.

Was deine Lernstrategie betrifft, ist es also wichtig, zu erkennen, dass Krempel dich von den wirklich bedeutenden Dingen ablenkt. Denn alles, was dich umgibt, zieht nun mal deine Aufmerksamkeit auf sich. Also auch der ganze Krempel, der in deinem Arbeitsbereich herumfliegt.

Bei allem, was du von nun an mit in dein Zimmer trägst, denke daran: Je mehr Kram du ansammelst, umso mehr wertvolle Energie ist daran gebunden. Energie, die du für Neues in deinem Leben vielleicht besser gebrauchen könntest.

BESTANDSAUFNAHME: DEIN ARBEITSPLATZ HEUTE – DEIN ARBEITSPLATZ MORGEN

Lass uns einmal raten: Wenn jemand jetzt gleich mit dir an deinen Schreibtisch ginge, würde er auf eine ziemlich wüste Unordnung blicken.

Woher wir das wissen? Das ist auf Hunderten von Schreibtischen so. Und die meisten von ihnen sehen gleich aus: Auf den wenigsten ist genügend Platz, um richtig zu arbeiten. In den häufigsten Fällen ist die ganze Fläche belegt: mit Papier, mit Schreibutensilien, mit Büchern, Heften, Ringmappen, mit Postkarten, Fotos, Geld, Stofftieren, Schlüsselanhängern oder anderen Souvenirs, mit jeder Menge Glücksbringer – und natürlich mit Süßigkeiten. Manchmal sogar mit alten Essensresten oder seit Tagen nicht weggeräumten leeren Gläsern.

Du sitzt also vor deinem Schreibtisch und weißt nicht genau, wo du mit dem Aufräumen anfangen sollst. Doch so schwierig ist das gar nicht ...

Man spricht gerne von »Space Clearing« und versteht darunter einen Reinigungs- bzw. Entrümpelungs-Prozess. Wenn dein Lernen gut laufen soll, muss auch alle Energie, die dich umgibt, gut fließen können. Das ist die Philosophie, die dahinter steckt. In unaufgeräumten Zimmern und auf unnötig überhäuften Schreibtischen gerät die Energie ins Stocken. Ob klebrige Ablagerungen, alter Staub, überflüssiger Schmuddel oder kleine Tierchen: jede Art von Schmutz oder Dreck behindert deinen Gedankenfluss. Im Extremfall kann Gerümpel sogar zum Stillstand deiner Denkfähigkeit führen.

DIE GEHEIMNISVOLLE WIRKUNG VOM AUSMISTEN

Ausmisten ist so wirkungsvoll, weil es augenblicklich auch in deiner inneren Welt zu Veränderungen kommt. Wusstest du eigentlich, dass alles um dich herum, vor allem dein eigenes Zimmer, dein inneres Wesen widerspiegelt? In der Lernpsychologie gibt es die Erkenntnis, dass der Schreibtisch ein Spiegel der Arbeitsweise ist. Dass der Schreibtisch erstaunlich viel verrät über die Gedanken, die Vorgehensweisen, die Gefühle, selbst über das Wesen seines Besitzers.

Wer einen aufgeräumten Schreibtisch hat, verfügt in der Regel auch über einen klaren Kopf – einen klaren Verstand. Wer sich mit Unordnung und überflüssigem Kram umgibt, hat nur wenig Kraft, etwas Neues aufzunehmen. Das gilt für alle Lebensbereiche – nicht nur für die Schule!

Wenn du also dein Zimmer veränderst, veränderst du automatisch auch alle Möglichkeiten in deinem eigenen Leben. Indem du aus dem Weg räumst, was deine Energien behindert, wird auch dein Leben und Denken klarer. Du schaffst Raum für Neues. Für neues Wissen, für neue Gefühle, für ein neues Leben.

Gedanken können sich nur bewegen, können nur fließen, wenn Platz für sie da ist!

Wer an einem übersichtlichen Schreibtisch arbeitet, ist viel produktiver, kreativer und damit auch letztlich zufriedener mit seiner Arbeit. Das gilt übrigens nicht nur für Schüler, sondern auch für Lehrer, Manager oder Geschäftsleute.

SELBSTTEST – WIE GUT IST DEIN FOTOGRAFISCHES SCHREIBTISCH-GEDÄCHTNIS?

Wenn du dein Lernverhalten verbessern möchtest, ist eine Grundvoraussetzung ein perfekt aufgeräumter Arbeitsplatz, an dem du dich wohl fühlen kannst.

Teste vorab einmal, ob du aus dem Gedächtnis notieren kannst, welche Gegenstände deines Arbeitsplatzes du definitiv nicht mehr benötigst. Erstelle eine Liste mit mindestens 10 Gegenständen, die du ohne Zögern einfach in den Papierkorb werfen kannst:

1. ______________________

2. ______________________

3. ______________________

4. ______________________

5. ______________________

6. ______________________

7. ______________________

8. ______________________

9. ______________________

10. ______________________

Gehe nun zu deinem Schreibtisch. Stelle dich davor und vergleiche deine Liste mit dem, was du siehst. Wahrscheinlich liegen noch mehr Teile auf deinem Schreibtisch, die auf der Stelle in den Papierkorb wandern könnten. Richtig?

EINE GUTE VORBEREITUNG IST DIE HALBE ENTRÜMPELUNG

Nun geht es weiter. Du benötigst einen Papierkorb bzw. Mülleimer, zwei Schuhkartons und vier große Kisten. Und dann geht's an deinen Schreibtisch sowie an deine Regale.

PAPIERKORB / MÜLLEIMER

Alles, was direkt weggeworfen werden kann, wandert direkt ohne Umweg in den Müll. Allerdings solltest du darauf achten, Papiermüll extra zu sammeln und nicht mit alten Stiften, kaputten Anspitzern oder verbogenen Büroklammern zu mischen.

SCHREIBTISCH-SCHUHKARTON

Hier kommen wirklich nur die Dinge hinein, die auf deinem Schreibtisch liegen bleiben werden. Dieser Schuhkarton sollte im Idealfall so gut wie leer bleiben. Am besten sollte höchstens eine Dose mit gespitzten Stiften und einigen Kugelschreibern darin landen. Dein Mäppchen darf natürlich auch hinein, und wenn es etwas gibt, das du zum Arbeiten für unverzichtbar hältst, kann das natürlich auch in diese Kiste kommen. Wichtig ist nur, dass du selbst den Überblick und die Kontrolle behältst und dir von Zeit zu Zeit aufs Neue überlegst, ob du wirklich alle Utensilien ständig zum Arbeiten benötigst.

BÜROMATERIAL-SCHUHKARTON

Hierin sammelst du alles, was du beim Arbeiten gelegentlich brauchst: Lineale, Dreiecke, Radiergummis, Klebstoff, Spitzer, Locher, Heftklammern, Scheren, Ersatz-Patronen, Ersatz-Kulis, Markierstifte ...

All diese Dinge kommen anschließend in Reichweite des Schreibtischs, zum Beispiel bringst du den Schuhkarton im Schreibtisch unter. Lege diese Utensilien keinesfalls direkt auf den Schreibtisch, denn du wirst sie ja nicht täglich benutzen. Also würden sie dich nur ablenken und stören.

Jene Utensilien, die du für einen Arbeitsvorgang benötigst, holst du dir dann vor Arbeitsbeginn aus der Kiste, beispielsweise Klebstoff, Locher oder Markierstifte. Gewöhn dir aber sofort an, alle nicht mehr benötigten Materialien gleich wieder zurückzulegen.

REGAL-KISTE

Hier kommt alles hinein, was unbedingt in deinem Zimmer bleiben soll. Sammle zunächst alle betreffenden Gegenstände in dieser Kiste, ehe du sie anschließend im Regal systematisch sortierst. Die Betonung liegt hierbei auf »systematisch«, denn sonst herrscht dort bald wieder das Chaos. Nutze die Chance, gleich einmal richtig Ordnung zu machen.

WEISS-NOCH-NICHT-WOHIN-KISTE

In diese Kiste gehört alles, was dir zwar wichtig ist, was du aber weder auf deinem Schreibtisch noch in deinem

Zimmer dringend benötigst. Dinge, bei denen du dir noch nicht sicher bist, was damit geschehen soll.

> TIPP: Stell diese Kiste nach deiner Entrümpelungs-Aktion ein Jahr lang auf den Dachboden oder in den Keller. Notiere dir den Termin in deinem Kalender (»Wiedervorlage«). Wenn du ein Jahr später feststellst, dass du nicht ein einziges Mal an deiner Kiste warst, wenn du merkst, dass du nicht einen einzigen Gegenstand gesucht und benutzt hast, dann deklariere nach einem Jahr die Kiste als deine neue »Flohmarkt«-Kiste und verkaufe die Gegenstände gewinnbringend.

RÜCKGABE- & GESCHENKE-KISTE

In diese Kiste wandern alle Dinge, die du dir ausgeliehen hast, außerdem Gegenstände, die dir nicht gehören – also alles, was du momentan nicht mehr benötigst und zurückgeben musst. In diese Kiste wandern aber auch Gegenstände, die du gerne verschenken möchtest, sei es an Freunde, Bekannte oder auch an öffentliche Einrichtungen. Überlege dir zum Beispiel, ob es bei dir in der Umgebung nicht einen Spielkreis oder Kindergarten gibt, der sich vielleicht über Stifte (die natürlich noch funktionieren!), Blöcke, Heftmappen oder Bücher sehr freuen würde. Auch über Spielsachen oder Kleidung, die man zum Spielen oder Verkleiden nutzen kann, sind öffentliche Einrichtungen häufig sehr dankbar. Und du kannst dich hinterher über deine »gute Tat« freuen.

VERKAUFS-KISTE

Sie ist für Dinge, die zu schade zum Wegwerfen sind oder die du niemandem schenken möchtest. Du kannst sie auf dem nächsten Flohmarkt verkaufen oder bei e-bay versteigern, dann erhältst du sogar noch ein zusätzliches Taschengeld und die Aufräumaktion hat sich richtig gelohnt.

DIE SECHS GOLDENEN REGELN FÜR EINEN AUFGERÄUMTEN ARBEITSPLATZ

Wenn du erst einmal richtig ausgemistet hast, bist du schon ein gutes Stück weiter gekommen. Nun gilt es, die Ordnung auch zu halten. In Stresszeiten ist das oft gar nicht einfach, aber du solltest konsequent bleiben – umso mehr Zeit und Ruhe hast du für das Lernen und Arbeiten, aber letztlich auf Dauer auch für deine Freizeit, die du viel entspannter genießen kannst.

Wenn du versuchst, die folgenden sechs Regeln einzuhalten, wirst du schnell Routine darin bekommen, einen ordentlichen Arbeitsplatz zu haben – und das Lernen wird dir viel leichter fallen, ja vielleicht sogar Spaß machen.

REGEL NR. 1: WIRF GROSSZÜGIG WEG!

Und zwar alle Dinge, die du nicht mehr brauchst. Manchmal sind es Dinge, die dir eigentlich nicht gefallen, oder Dinge, die unordentlich sind, Dinge, die zu eng auf kleinstem Raum herumliegen sowie Dinge, die nicht abgeschlossen worden sind oder die du höchstwahrscheinlich auch nie fertig stellen wirst.

REGEL NR. 2: JE MEHR FREIE FLÄCHE, UMSO BESSER!

Künftig sollte auf deinem Schreibtisch nur noch das liegen, was du absolut notwendig fürs Lernen brauchst.

Dazu zählen die wirklich wichtigen Gegenstände wie Stifte und Hefte – eventuell auch ein PC.

REGEL NR. 3: WAS DU NICHT TÄGLICH BRAUCHST, DARF AUCH NICHT HERUMLIEGEN!

Also gehören Locher, Radiergummis, Geodreiecke, Büroklammern, Scheren, Klebstoff oder Süßigkeiten oder Ähnliches zwar in die Nähe deiner Arbeitsplatte, jedoch keinesfalls auf den Schreibtisch! Besorg dir am besten einen leeren Schuhkarton. Sammle darin alles Büromaterial, das du gelegentlich brauchst. Bringe den Karton in Reichweite unter – aber lege auch immer wieder alles zurück, was du gebraucht hast.

REGEL NR. 4: KRAM-SCHUBLADEN SIND WICHTIG!

Suche dir eine Schublade aus, in die du ohne nachzudenken alles hineinwerfen kannst, was sonst nirgendwo hinpasst. Es kann auch eine Kiste sein, allerdings sollte sie nicht in Sichtweite deines Arbeitsplatzes sein – sonst kommst du nur in Versuchung und grübelst nach, was du mit den Dingen tun könntest.

REGEL NR. 5: MISTE DEINE KRAM-SCHUBLADE MINDESTENS EINMAL IM MONAT AUS!

Einmal im Monat solltest du deine Kramschublade ausmisten. Dann hast du den richtigen Zeitabstand um zu entscheiden, welche Dinge du wirklich benötigst und welche eigentlich eher unwichtig sind. Vergiss nicht: Was du nicht wirklich brauchst oder ein wirkliches Andenken ist, wird weggeschmissen, verschenkt oder verkauft.

REGEL NR. 6: HÜTE DICH VOR DEM SAMMLERTICK

Immer, wenn du etwas »als Andenken« aufheben möchtest, dann frage dich, warum dir dieser Gegenstand so viel bedeutet. Frage dich, ob es tatsächlich notwendig ist, ausgerechnet diesen Gegenstand aufzubewahren. Bedenke: Jeder unnötige Kram belastet deinen Verstand. Entscheide, ob du den Platz in deinem Kopf nicht lieber für etwas Neues freihalten möchtest.

Besorge dir eine »Andenken-Kiste« und behalte die besten Stücke – und schmeiße den Rest (sentimentaler Schrott, zerknitterte Fotos, uralte Urlaubs- oder Weihnachtskarten, zu denen du überhaupt keinen Bezug mehr hast) weg. Lass deine Andenken nicht wahllos in deinem Zimmer herumfliegen. Lass Altes los und schau nach vorne.

DER RICHTIGE ZEITPUNKT ZUM AUSMISTEN

Der ideale Zeitpunkt zum Entrümpeln ist, wenn du dich mal geärgert hast. Denn dann bringt dir das Ausmisten nicht nur Ordnung in dein Zimmer, sondern gleichzeitig auch in dein Inneres. Mit jedem Stück, das du entsorgst bzw. an einen geeigneten Platz bringst, räumst du auch in deinem Inneren auf, löst du blockierte Gefühle und wirst wieder ruhiger.

Probier es einfach mal aus, denn es hat einen doppelten Effekt: Sobald du dich ärgerst, räume einfach ein bisschen auf, und am Ende ist dein Ärger verflogen und in deinem Zimmer herrscht wieder Ordnung!

ÜBUNG: DEIN ARBEITSPLATZ

Notiere jene Gegenstände auf deinem Schreibtisch, die du seit mindestens einem Jahr nicht mehr benutzt hast. Es dürfen auch Dinge in näherer Umgebung des Schreibtischs sein.

Wenn du mindestens zehn Sachen aufgeschrieben hast, überleg dir, was du davon eigentlich noch benötigst. Solche Listen solltest du dir in regelmäßigen Abständen machen – und Gegenstände, die ständig wieder auf dieser Liste landen, kannst du eigentlich von vornherein aus der Reichweite deines Schreibtisches verbannen.

1. ______________________________

2. ______________________________

3. ______________________________

4. ______________________________

5. ______________________________

6. ______________________________

7. ______________________________

8. ______________________________

9. ______________________________

10. ______________________________

ZEIT-MANAGEMENT

Jeder Mensch hat gleich viel Zeit, trotzdem kommen viele Menschen mit ihrem persönlichen Timing nicht klar. »Keine Zeit«, gehört zu den häufigsten Ausreden und Aussagen weltweit.

Hier findest du verschiedene Methoden und Tipps, um deine Zeit in den Griff zu bekommen. Geh das Ganze mit System an und finde zuerst heraus, welcher Timing-Typ du bist, indem du jeweils eine Antwort ankreuzt und dann am Ende die dafür vergebenen Punkte zusammenzählst.

SELBSTTEST: WELCHER TIMING-TYP BIST DU?

In drei Tagen hat deine Freundin Geburtstag, wann besorgst du ein Geschenk?

a) Weiß ich noch nicht, wahrscheinlich auf dem Weg zur Party.
b) Eine Idee habe ich schon, nur umsetzen muss ich sie noch, am besten gleich morgen ...
c) Ich habe es schon vor zwei Wochen gekauft und eingepackt.

Heute ist Montag, am Donnerstag steht eine Mathearbeit an. Wann lernst du?

a) Weiß nicht, aber bis Donnerstag ist ja noch jede Menge Zeit.

b) Wahrscheinlich Mittwoch Abend vor dem Schlafengehen.
c) Jeden Tag 15 Minuten bei den Hausaufgaben.

Wann machst du in der Regel Hausaufgaben?

a) Irgendwann, wenn meine Eltern lange genug genörgelt haben, spätestens morgens im Bus auf dem Weg zur Schule.
b) Gleich nach der Schule, damit es erledigt ist.
c) Nachmittags, wenn ich mich wieder fit fühle.

In zehn Tagen sollst du ein Bio-Referat halten. Wann ist es fertig?

a) Ich werde das Referat am Vorabend des Vortrags basteln.
b) Sofort: Ich lade mir aus dem Internet das Referat runter und hoffe, meine Biolehrerin ist blöd genug, das nicht zu merken.
c) Ich besorge mir gleich die Infos und fang schon mal an. Denn ich möchte den eigentlichen Vortrag noch üben.

Wertung:

a = 3 Punkte, b = 2 Punkte, c = 1 Punkt

bis 4 Punkte:

Du bist auf dem richtigen Weg zum perfekten Timing. Du kannst relaxt lernen, weil du immer noch etwas Pufferzeit einbaust. Mach weiter so, vergiss aber den Spaß an spontanen Aktionen nicht. Wenn du schon einen Tagesplan (s. S. 71) führst, vergiss die Pausen und Freiräume nicht.

5 – 8 Punkte:

Du planst nur, wenn es wirklich sein muss, und hoffst auf dein Improvisationstalent. Meist geht das noch gut. Wirst du aber vor größere Anforderungen gestellt, könntest du bald Probleme bekommen. Entwickle jetzt schon mal eine Plan-Strategie, dann kannst du dir später viel Stress ersparen. Probier den Wochenplan (s. S. 68) zwei Wochen lang aus.

9 – 12 Punkte:

Bei dir spielt Timing noch keine große Rolle. Du bist jemand, der häufig auch zu spät kommt und dem es relativ egal ist, ob er in der Schule die Hausaufgaben gemacht hat. Entweder, du bist vom Typ her eher ein bisschen träge und Vorausplanen ist dir zu mühsam, oder du hältst dich für besonders cool und lebst gerne in den Tag hinein. Cleverer wäre allerdings in jedem Fall, wenn du ein bisschen Timing in deinem Leben zulassen würdest. Check mal, ob du dich wenigstens mit einem Monatsplan (s. S. 65) anfreunden könntest. Denn noch bist du vielleicht auf diese Art und Weise durchs Leben gekommen, aber irgendwann kommt ein Punkt, an dem das nicht mehr geht – und wenn du bis dahin nicht gelernt hast, dein Leben zu organisieren, wird vieles auf einmal sehr schwer für dich sein. Also: Besser vorbeugen und leichter Lernen lernen!

ZEITDIEBE

Sind bei dir die Zeitdiebe eingebrochen? Spüre sie auf und verbanne sie konsequent, wenn du viel zu tun hast.

Die größten Zeitdiebe sind: Computerspiele, Videospiele, Internet, Fernseher, Telefone und Handys.

Bei **Computer- oder Videospielen** ist es egal, ob du sie alleine zuhause, unterwegs oder mit Freunden spielst: Du vergisst die Zeit oder die Zeit geht rasend schnell vorbei. Wenn das mal auch in der Schule so wäre, wirst du dir denken. Du solltest dir auf jeden Fall eine genaue Zeiteinteilung machen, wie viele Stunden du dir pro Tag, Woche oder Monat persönlich leisten kannst. Dabei ist es egal, wie oft und lange deine Freunde spielen, und auch, ob deine Eltern dich länger spielen lassen würden – in diesem Fall bist du dein eigener Herr und nur du kannst entscheiden, wie viel Zeit du fürs Lernen brauchst und wie viel fürs Spielen übrig bleibt. Du solltest aber auch im Hinterkopf behalten, dass du Bewegung und frische Luft brauchst – versuche also, nicht die gesamte Freizeit vor dem Monitor zu verbringen!

Noch eine Anmerkung: In vielen Schulen gibt es inzwischen schon Medienräume, die zwar nicht unbedingt für Computerspiele genutzt werden sollten, aber wo du zum Beispiel erfährst, wie solche Spiele entstehen. Das kann sehr interessant sein und manchmal kann man sogar Videokonferenzen mit anderen Schulen machen – vielleicht haben ja deine Freunde auch Lust, gemeinsam mit dir einen Kurs zu besuchen. Dann könnt ihr Arbeit und Vergnügen verbinden und lernt ganz nebenbei noch etwas, das euch sicherlich in der heutigen Welt der Technik von Nutzen sein kann.

Sollte eure Schule noch keinen Medienraum haben, tut euch zusammen und überlegt, wie ihr das realisieren könnt. Für ein solches Projekt stehen euch die Lehrer sicherlich gerne mit Rat und Tat zur Seite – und vielleicht gibt's sogar mal ein bisschen weniger Hausaufgaben als sonst ...

Auch das **Internet** ist ein wahrer Zeitschlucker. Ob du einfach nur herumsurfst, gezielt nach etwas suchst oder mit anderen chattest – die Zeit wird wie im Fluge vergehen. Solltest du das Internet für Arbeitszwecke nutzen, dann konzentriere dich darauf und vermeide es, dich von anderen Seiten verleiten zu lassen. Notfalls schreibe dir die Homepages auf einen Zettel oer setze dir ein Lesezeichen. Und wenn alles andere erledigt ist, kannst du in Ruhe noch einmal genauer auf den Seiten herumschauen.

Übrigens: Wenn du mit dem Internet arbeitest, mach dir immer wieder bewusst, dass nicht alle Daten und Fakten hundertprozentig stimmen – und sichere wichtige Dinge auf jeden Fall noch einmal mit anderen Quellen ab. Dass du keine Passagen aus Hausarbeiten oder anderen Artikeln in deine eigenen Materialien übernehmen darfst, ohne sie als Zitat anzugeben, wird dir ja bekannt sein.

Dass beim **Fernsehen** die Zeit schnell herumgeht, ist ohnehin klar. Setze dir aber auch hier genaue Zeiten und halte dich daran. Wenn dir an einer bestimmten Art von Filmen oder Reportagen sehr gelegen ist, dann kauf dir am Anfang der Woche eine Fernsehzeitschrift, markiere dir alles, was du für interessant hältst und stelle dir dann ein Programm zusammen, das in deinen vorgegeben Zeitraum passt. So kommst du während der Woche nicht in Versuchung, herumzuzappen um zu schauen, was es gibt. Und wenn du mal mit einer Aufgabe schneller fertig bist als geplant, kannst du dir ja als Belohnung einen jener Filme anschauen, die du aus Zeitgründen hattest streichen müssen.

Telefone und Handys – ob man einfach nur schnell mal anruft, dass man etwas später kommt, oder eine SMS schickt, dass man sich in einer Stunde nochmal meldet, diese Geräte schlucken Zeit und Geld ohne Ende. Kaum zu glauben, dass man vor ein paar Jahren noch ganz ohne Mobiltelefone unterwegs gewesen ist. Natürlich sind Handys sehr praktisch und es ist oft auch gut, jederzeit erreichbar zu sein. Aber überleg dir am besten vor jedem Telefonat, was geschehen würde, wenn du nun nicht anrufst, und bei jeder SMS, ob sie wirklich notwendig ist oder ob du die betreffende Person nicht ohnehin später noch siehst.

Die Zeit, die du vielleicht im Bus oder in der Bahn mit Telefonaten verbringst, könntest du viel sinnvoller schon mit Vorbereitungen auf die Hausaufgaben nutzen, indem du zum Beispiel einen Text liest oder in Gedanken ein Referat durchgehst.

Hast du noch andere Zeitdiebe? Falls es dir partout nicht gelingt, sie auszusperren, dann leg dir ein Zeittagebuch zu und spüre die Zeitdiebe systematisch auf.

DER GROSSE MONATSPLAN

Gehörst du zu denjenigen, die immer erst auf den letzten Drücker lernen und dann nie richtig zufrieden mit sich sind, weil sie es eigentlich besser könnten? Hast du oft ein schlechtes Gewissen, weil du ja noch Hausaufgaben machen müsstest? Dann bist du ein Mensch für den großen Monatsplan.

Einen Monatsplan kannst du frei gestalten, es reicht ein großes Blatt für die Pinnwand, auf dem du die Wochen einträgst. Überlege zunächst, was du in diesem Monat unbedingt schaffen willst. Setz dir ein Ziel des Monats und schreib es in dicker Schrift über den Plan. Es muss nicht mit Schule zu tun haben, kann aber. Stehen bald Zeugnisse an? Musst du dein Lernpensum etwas erhöhen, was gibt es jetzt schon an festen Terminen, die du wahrnehmen möchtest? Willst du endlich den Judokurs belegen oder Italienisch für Anfänger?

Steht zum Beispiel ein großes Fest an und du organisierst alles? Dann musst du besonders gut planen: Wann muss eingeladen werden, wer sorgt für die Musik, wer kümmert sich um die Getränke und Speisen und nicht zuletzt, wer hilft beim Aufräumen? Wenn du alles vorher genau überlegst, hast du später weniger Stress, kannst das Fest richtig genießen und erlebst keine bösen Überraschungen.

Hier ein Beispiel für einen Monatsplan:

Ziel des Monats: »Endspurt Schule« / Sommerfest

1. Woche	2. Woche	3. Woche	4. Woche
Lernen, lernen, lernen!!!	Geburtstag von Jenny	Fest vorbereiten	Ferien beginnen
Die letzten 2 Klassenarbeiten	mündlich in der Schule noch mal ins Zeug legen	Auftritt für für Schulparty üben	
mündlich in der Schule noch mal ins Zeug legen	Lied für Schulparty einstudieren	Zeugnisse Große Schulparty	

ÜBUNG: DENK-TRAINING – LOGISCHES DENKEN & ABSTRAKTIONSFÄHIGKEIT

Stelle den Ablauf, den du morgens nach dem Aufstehen durchläufst, mit einfachen Symbolen dar. Es kommt dabei nicht auf deine künstlerischen Fähigkeiten an. Erfinde dabei möglichst einfache Symbole, mit denen du sofort etwas in Verbindung setzt.

Beispiel:
♫ : Musik gehört
✆ : jemanden angerufen haben
☂ : es hat geregnet
🚘 : mit dem Auto irgendwohin gefahren

Hier kannst du nun deinen eigenen Tagesablauf mit beliebigen Symbolen darstellen. Versuche, dich möglichst an viele Dinge zu erinnern, die du erlebt hast.

Wenn du dir nun ein paar Symbole überlegt hast, kannst du sie natürlich jederzeit auch in deinem Wochenplan unterbringen – das spart oft Platz und Zeit.

DER PROFI-WOCHENPLAN

Ein Wochenplan geht mehr ins Detail. Hier sollst du deine Woche konkret planen. Die Kunst beim Timing ist, Prioritäten zu setzen und sich nicht total zu verplanen. Lass Lücken für spontane Aktionen und zur Wiederholung von Lernstoff.

Zuerst musst du deine festen Termine in einen Plan eintragen: also Sport, Musik, Zahnarzt oder Kino. Danach vergibst du Hausaufgaben- und Lernzeiten. Ganz wichtig: Vergiss die Pausen nicht!

Nach der Schule und dem Essen brauchst du erst mal eine Auszeit zum Relaxen. Wenn du dich dann konsequent an deinen Plan hältst, wirst du mehr freie Zeit haben und trotzdem besser lernen. Samstag und Sonntag solltest du dir möglichst freigeben; wenn du während der Woche intensiv gearbeitet und gelernt hast, wirst du die Erholung brauchen. Doch natürlich gibt es immer wieder Tage, wo du deinen Plan vielleicht nicht ganz oder nicht zu deiner Zufriedenheit erfüllt hast. Diese Dinge kannst du nun ganz entspannt am Wochenende nachholen – wenn möglich schon am Samstag, dann hast du den Sonntag ganz für dich und deine Freunde.

Anders kann das natürlich in bestimmten Lern- und Prüfungsphasen sein, zu denen du bestimmte Termine erfüllen oder etwas nachholen musst. Dann solltest du auch das Wochenende nutzen. Plane am späten Vormittag und am Nachmittag, wenn du am aufnahmefähigsten bist, jeweils etwa zwei Stunden ein. Konzentriere dich gut und lass dich von nichts ablenken, dann ist das Lernen sehr effektiv und du kannst dich in der Freizeit umso mehr entspannen. Denn auch hier gilt: Regelmäßige und bewusste Pausen sind sehr wichtig! Solltest du beim Lernen einmal müde werden, schließe für ein paar Minuten die Augen oder geh einen Moment lang an die frische Luft (siehe auch »Professionelles Pausen-Management auf S. 76).

Und noch etwas: Wenn du deinen Wochenplan erstellst, behalte auch immer dein Monatsziel im Auge – das macht es dir leichter, alles gut einzuteilen.

Hier kannst du die kommende Woche planen:

Mein Wochenziel: In der Mathearbeit am Freitag eine gute Note schreiben.

Zeit	Montag	Dienstag	Mittwoch	Donnerstag	Freitag
14.00					
15.00					
16.00					
17.00					
18.00					
19.00					
20.00					

ÜBUNG: DENK-TRAINING – LOGISCHES DENKEN & KONZENTRATION

1. Meine Mutter hat eine Schwester und einen Bruder. Der Sohn des Bruders ist mein Cousin ______.

2. Der Bruder meiner Schwester ist der Sohn ______ meiner Mutter.

3. Der Vater meiner Mutter unterhält sich mit der Mutter meines Vaters. Am gleichen Tisch sitzen noch der Vater meines Vaters und die Mutter meiner Mutter. Hier treffen sich also die Großeltern ______.

4. Meine Mutter ist Einzelkind. Mein Onkel hat zwei kinderlose Schwestern, einen älteren Bruder, drei Söhne und eine kleine Tochter namens Katrin. Katrin ist die Nichte ______ meines Vaters.

5. Die Tochter des Bruders meines Vaters ist die Enkelin ______ meiner Großmutter.

Die Lösungen findest du auf S. 107.

DER PERFEKTE TAGESPLAN

Der Tagesplan ist etwas für gewissenhafte Charaktere, die Spaß am Planen haben und dann ihre Freizeit besser genießen wollen. Er braucht erst einmal etwas mehr Zeit, bis man genügend Routine entwickelt hat, ihn nebenbei zu führen. Und grundlegend dafür sind auch der Monats- und der Wochenplan, deren Ziele man immer im Hinterkopf behalten sollte. Und auch hier sind regelmäßige Pausen sehr wichtig!

Letztlich ist der Tagesplan aber das perfekte Mittel um Arbeit und Freizeit zu organisieren, Ziele zu erreichen, nichts zu vergessen und viel freie Zeit zu genießen. Besorge dir am besten einen Kalender mit viel Platz und dann plane deine Nachmittage möglichst konkret. Ganz wichtig: Achte auch hier auf Prioritäten und setze dir ein Tagesziel. Was willst du heute unbedingt erreichen?

Hier ein Beispiel für einen Tagesplan:

Mein Tagesziel: Konzept für den Vortrag muss stehen

Zeit	
14.00	Frei
15.00–16.00	Hausaufgaben - Mathe - Deutsch - Englisch
16.00–16.30	Ausspannen
16.30–17.15	Vortrag - einlesen - Konzept - Beispiele finden

Zeit	
17.15–18.00	Geschenk für Pia besorgen
18.00	Frei
19.00	Vokabeln wiederholen
20.00	Mit Kim ins Kino

Schlaf dich schlau! Die Nacht vor der Englischarbeit durchzubüffeln bringt nichts. Schlafentzug führt zu Gedächtnislücken und Konzentrationsmängeln.

Erst beim Schlafen werden Informationen und Erinnerungen im Gehirn verankert. Schläfst du nicht, ist das mühsam Gelernte ganz schnell weg.

Weitere Informationen dazu findest du im Kapitel »Schlafen macht schlau« auf Seite 103.

Wenn du rechtzeitig und gut gelernt hast, bist du auch automatisch viel entspannter und kannst besser schlafen! Manchmal helfen auch Kräutertees vor dem Schlafengehen, um dich zu beruhigen. Wenn du gut ausgeruht und vorbereitet zu der Prüfung kommst, kann eigentlich nicht mehr viel schiefgehen.

BIST DU GUT ORGANISIERT?

Mit diesem Test kannst du herausfinden, ob du gut organisiert bist und welche Arbeitsweise am ehesten zu dir passt.

	oft	manchmal	selten
Ich schiebe schwierige Aufgaben lange vor mir her.	X		
Ich arbeite erst unter Zeitdruck.	X		
Ich suche oft meine Unterlagen.	X		
Ich komme häufig zu spät.			X
Ich fühle mich unter Zeitdruck gesetzt.	X		

oft = 3 Punkte
manchmal = 1 Punkt
selten = 0 Punkte

WERTUNG:

Bis zu 5 Punkten: keine weiteren Pläne notwendig

Du bist ein sehr organisierter Typ. So schnell bringt dich nichts aus der Ruhe und das ist gut so. Nimm dir aber auch ein bisschen Zeit und Raum für spontane Aktionen.

> TIPP: Einen Tagesplan zu führen müsste dir Spaß machen, lass aber Platz für Treffen mit Freunden, Sport oder einfach zum Faulenzen.

6 – 10 Punkte: der Wochenplan-Typ

Du bist im Grunde ein gewissenhafter Typ, aber nicht immer konsequent. Kommt dir etwas Aufregendes dazwischen, bist du sofort Feuer und Flamme und vergisst deine Aufgaben. Achte dann darauf, wirklich Wichtiges nicht zu vergessen.

> **TIPP:** Mit einen Wochenplan wäre dir sehr gedient. So behältst du den Überblick und hast außerdem genügend Freiheit.

11–15 Punkte: der Monats- und Wochenplan-Typ

Du bist ein sehr spontaner Typ. Planung ist für dich ein Fremdwort, deshalb geht es leider bei dir oft drunter und drüber. Mit ein bisschen mehr Selbstdisziplin könntest du deinen Alltag prima in den Griff bekommen und hättest doch noch Zeit, spontane Aktionen wirklich zu genießen.

> **TIPP:** Penible Planung ist dir zwar zu spießig, versuche es aber trotzdem mal mit einem Monatsplan. Das geht schnell und ist effektiv. In Stresssituationen (beispielsweise Phasen, in denen viele Klassenarbeiten anstehen) solltest du auch den Wochenplan hinzunehmen.

ÜBUNG: KREATIVITÄT – SÄTZE BILDEN

Konstruiere drei längere Sätze, deren Worte alle mit dem gleichen Buchstaben beginnen. Mit dieser Übung kannst du nicht nur deiner Kreativität freien Lauf lassen, sondern auch deine Konzentration verbessern.

Beispiel: Am Anfang aß Alia ausnahmslos alles; aber als Anton arbeitete, ...

Satz mit Anfangsbuchstaben B

Bernd baute Bauernhöfe bei Bärbel.

Satz mit Anfangsbuchstaben E

Elly's Eltern essen Erbsen.

Satz mit Anfangsbuchstaben deiner Wahl

Du kannst diese Übung auch mit einer Freundin oder einem Freund spielen, indem ihr abwechselnd jeder immer ein Wort nennt und den Satz möglichst schnell und sinnvoll weiterführt. Schwieriger wird es, wenn ihr den ersten Satz mit A beginnt, dann den zweiten mit B usw.

PROFESSIONELLES PAUSEN-MANAGEMENT

Pausen machen die meisten Menschen erst, wenn sie voll ausgepowert und kaputt sind. Dann sind entweder die körperlichen oder die geistigen Reserven völlig aufgebraucht und es braucht eine längere Zeit zur Regeneration. Cleverer ist es, wenn man es gar nicht erst zur völligen Erschöpfung kommen lässt, sondern gezielt Pausen und Entspannungszeiten in seinen Arbeitsalltag einbaut und dabei auf die Signale des eigenen Körpers hört.

Jeder Mensch unterliegt einem eigenen *Leistungsrhythmus*. Es gibt sogenannte Nachtmenschen, Morgenmuffel oder Frühaufsteher. Beobachte dich ein paar Tage lang: Wann bist du am leistungsfähigsten, wann hast du ganz viel Power und wann bist du einfach nur noch müde. Die meisten Menschen haben am Vormittag ein Leistungshoch, mittags lässt die Kraft nach und am Nachmittag gibt es dann noch einmal ein kleines Leistungshoch. Dieses Leistungshoch solltest du zum Lernen nutzen oder deine Hausaufgaben erledigen.

Die kleine Pause: Sie ist fällig, wenn du merkst, dass du unkonzentriert wirst, Dinge zwei Mal liest um sie zu verstehen, oder ähnliches. Nimm eine kurze Auszeit: Leg den Stift zur Seite, schließe die Augen und atme tief durch die Nase ein und durch den Mund wieder aus. Denk an etwas Schönes. Öffne die Augen, steh auf, schau noch einen Moment aus den Fenster, atme ruhig weiter und streck dich ausgiebig. Die kleine Pause sollte drei bis fünf Minuten dauern.

Die Entspannungspause: Der Kopf ist leer und du bist ganz angespannt. Gönn dir eine Entspannungspause.

Steh auf, verlasse deinen Arbeitsplatz. Überlege, was dir jetzt gut tun würde. Ein Vorschlag: Erst einmal ordentlich zappeln und dann einmal alle Muskeln anspannen und entspannen. Am besten geht das im Liegen. Leg dich auf eine Isoliermatte oder einen dicken Teppich. Spüre, wie du liegst: wie liegen deine Füße, dein rechtes Bein, dein linkes Bein, was machen dein Rücken, die Arme, der Nacken, der Kopf?

Jetzt beginne Stück für Stück die Muskeln anzuspannen und dann zu entspannen, atme dabei ruhig durch die Nase ein und aus. Wenn du zur Ruhe gekommen bist und dich gut fühlst, steh wieder auf. Jetzt kannst du noch etwas Zeit vertrödeln. Trinke ein Glas Mineralwasser und iss einen Joghurt oder eine Banane (siehe gesundes Essen S. 95). Die Entspannungspause sollte etwa 10 bis 15 Minuten dauern.

Auszeit – Die Erholungspause: Wenn du ganz viel zu tun hast, teile die Arbeit besser in zwei größere Blöcke. Zwischen den Blöcken nimmst du eine richtige Auszeit zum Erholen und Abschalten.
In der Auszeit ist alles erlaubt, was dir Spaß macht und gut tut. Also körperlich Entspannen, mit der besten Freundin telefonieren, Zeitschriften lesen, sogar ein bisschen vor dem Fernseher abhängen.
Die Auszeit sollte gut eine halbe Stunde dauern, danach bist du wieder voller Energie für den nächsten Arbeitsblock. Und wenn du den gestemmt hast, hast du frei für den Rest des Tages.

Schulferien: Wusstest du, dass die Ferienregelungen einen wichtigen medizinischen Hintergrund haben? Kinder und Jugendliche benötigen regelmäßig längere Ruhephasen für ihre körperliche Entwicklung. Vielleicht ist dir schon aufgefallen, dass Kinder während der langen Sommerferien immer einen enormen Wachstumsschub durchmachen.

Daher heißt die Faustregel: Schalte während der Ferien einmal richtig ab. Also bitte nicht 6 Wochen lang einen starren Stundenplan einrichten oder regelmäßiges Vokabeln-Abfragen – es sei denn du musst Prüfungen nachholen, das ist natürlich etwas anderes.

Gerade in den Ferien ist die pädagogische Ader deiner Eltern gefordert. Sprich mit ihnen darüber und teile die sechs Wochen Sommerferien gemeinsam mit ihnen ein. Am besten in »reiner Urlaub – ohne Schulsachen«, in »kleine Wiederholungsphasen« oder in »Vorbereitung auf die Wiederholungsprüfung«.

Entscheidend ist, dass du mindestens zwei Wochen am Stück völlig von der Schule und dem Lernen abschalten kannst.

ÜBUNG: KREATIVITÄT

Bemale folgende Figuren. Denke dir acht unterschiedliche Muster aus.

Nun ist deine Kreativität gefragt:

Male selbst einige Fantasie-Figuren auf. Je häufiger du solche Übungen machst, umso besser trainierst du deine kreative Gehirnhälfte. Für diesen Fall sind Kritzeleien auf alle Fälle überall und jederzeit erlaubt!

DEINE ZIELE, DEINE ÄNGSTE

Hättest du gedacht, dass 15 Prozent der Schulkinder unter stresstypischen Störungen leiden? Viele davon sind angstbedingt.

Ängste treten auf, wenn typische Aufgaben nicht ausreichend bewältigt werden – beispielsweise wenn die Leistungen in der Schule nicht gut sind. Dann spricht man von Schul- und Prüfungsängsten. Immerhin leidet fast jeder dritte Schüler in Deutschland unter Schwierigkeiten beim Einschlafen. Und 60 Prozent der Jugendlichen klagen über Stress.

Die Gründe für das Stressempfinden liegen neben der Schule in der Freizeitgestaltung (verplante Zeit, Zeitdruck) und entstehen durch hohe Erwartungen der Eltern. Manchmal liegt es auch daran, dass Eltern ihre Hektik auf ihre Kinder übertragen.

Um von einem hohen Stresspegel herunterzukommen, achte darauf, dass du dich mit deinen Aktivitäten nicht übernimmst. Entschleunige dein Privatleben. Und halte dich möglichst oft in freier Natur auf. Ob du dich an einem schönen Sommertag in eine Wiese legst und einfach mal nur in den Himmel schaust, ob du deine Füße in einen Bach hältst oder in Bäumen herumkraxelst – egal, der Aufenthalt in der Natur ist der beste Gegenpol gegen Stress und Hektik. Entdecke bewusst einmal die Langsamkeit.

Auf der folgenden Seite kannst du testen, ob und wie sehr du gestresst bist.

STRESSFAKTOR

Bei diesem Selbsttest kannst du herausfinden, ob du eher entspannt oder gestresst bist:

Ich ruhe in mir.	ja ○	nein ○
Ich kann mir selbst Mut zusprechen.	ja ○	nein ○
Ich bin ausgeglichen.	ja ○	nein ○
Ich spüre, wenn ich müde bin.	ja ○	nein ○
Ich kann gut für mich allein sein.	ja ○	nein ○
Ich kann mich gut konzentrieren.	ja ○	nein ○
Ich fühle mich wohl in meiner Haut.	ja ○	nein ○
Kritik empfinde ich als hilfreich.	ja ○	nein ○

ANTWORTEN:

7–8-mal »ja«:

Stressfaktor: sehr niedrig

4–6-mal »ja«:

Stressfaktor: angespannt

0–3-mal »ja«:

Stressfaktor: hoch! Hier gibt es Handlungsbedarf!

Für den Fall, dass bei diesem Selbsttest herausgekommen ist, dass dein Stressfaktor sehr hoch ist, hier ein paar Tipps für Entspannungsübungen:

> Leg dich auf den Boden und reise in deiner Fantasie dorthin, wo du gerade sein möchtest.

> Lies ein gutes Buch oder höre dir schöne Geschichten an (Kassette, Hörbuch), vielleicht liest sie dir ja sogar jemand vor.

> Versuch es mal mit autogenem Training oder Muskelgruppenanspannung.

> Sport ist immer gut, um sich zu entspannen.

> Beim Zeichnen, Malen, Modellieren oder wenn du anderweitig künstlerisch tätig bist und deiner Kreativität freien Lauf lässt, kannst du dich sehr gut erholen.

DIE ZIELVEREINBARUNG

Vom Silvesterabend kennst du das bestimmt: Fast jeder nimmt sich fürs neue Jahr etwas vor.

»Von morgen an werde ich nicht mehr rauchen«, »Von morgen an ernähre ich mich nur noch gesund« oder: »Von morgen an wird alles anders, von morgen an werde ich ein guter Mensch und ein Superschüler: Ich lerne täglich zwei Stunden extra und bekomme in allen Fächern mindestens eine Zwei!«

Vergiss diesen Vorsatz. Niemand ändert sich so radikal und nach drei Tagen hast du die Nase vom Extrapensum voll, spätestens dann, wenn sich deine Freunde im Café treffen.

Aber wie ändert man sich am besten? TIPP: Schritt für Schritt, ganz bewusst und in Ruhe – aber auch konsequent.

SCHRITT EINS:

Schätze dich selbst ein. In Sachen Schule erstell dir eine Prioritätenliste und lege fest, in welchem Fach der größte Handlungsbedarf besteht. Hier solltest du beginnen.

SCHRITT ZWEI:

Überlege, welches die Gründe dafür sein könnten, dass du in diesem Fach nicht besser bist. War das schon immer so oder macht dir nur die Unterrichtseinheit zurzeit keinen Spaß? Hast du einen neuen Lehrer bekommen? Meinst du, er mag dich nicht, oder magst du ihn nicht? Liegt dir dieses Fach grundsätzlich nicht? Wann haben die Schwierigkeiten begonnen?

SCHRITT DREI:

Nun geht es darum, deine Strategie auszurichten. Dazu gehören auch die nötige Portion Selbstkritik und -vertrauen. Selbstvertrauen ist die Fähigkeit, realistische Erwartungen an sich selbst zu haben, eigene Grenzen zu kennen und Kritik auszuhalten. Es heißt aber auch Ziele zu verfolgen, wenn Schwierigkeiten auftreten. Wer ein gesundes Selbstvertrauen hat, ist sich seines Wertes bewusst. Ein Misserfolg muss also keine persönliche Niederlage sein. Im Gegenteil: Man macht Fehler um daraus zu lernen und es beim nächsten Mal besser zu machen.

Auch wenn es im Moment vielleicht noch schlecht aussieht. Triff eine Zielvereinbarung mit dir selbst. Und lege fest, was du in welchem Zeitraum erreichen willst.

SCHRITT VIER:

Erzähle anderen von deinem Ziel. Eltern und Freunde können dich unterstützen. Auch dein Lehrer wird dir eher helfen können, wenn er weiß, dass du dir ernsthaft vorgenommen hast, besser zu werden. Leg konkrete Schritte fest, wie du dein Ziel erreichen kannst, indem du beispielsweise eine Zeiteinteilung machst, bis wann du welchen Vokabelblock, welches Grammatikkapitel, welchen Lernabschnitt nachholen willst, ohne den Anschluss an den aktuellen Lehrplan zu verpassen.

SCHRITT FÜNF:

Fang an, im Unterricht wieder aktiver mitzuarbeiten. Frage gleich nach, wenn du etwas nicht verstanden hast. Um deine Wissenslücken zu füllen, wiederhole nebenbei die Lektionen des letzten Schuljahres. Manches wird dir dabei plötzlich viel klarer werden.

Die Hausaufgaben solltest du ohne Ausnahme immer (und natürlich selbst) erledigen und für Vokabeln bastelst du dir am besten eine Lernkartei. Wo immer es möglich ist, versuche dir das Lernen durch Eselsbrücken und Tricks (zum Beispiel Mindmapping oder Aufteilen in sinnvolle Lernabschnitte) zu erleichtern.

SCHRITT SECHS:

Dieser Schritt betrifft nur Menschen, die sehr viel Zeit vor dem Fernsehapparat verbringen (siehe auch Kapitel »Zeitdiebe« S. 61ff.).

Viele Jugendliche können sich gut vor dem Fernsehapparat entspannen. Solltest du auch dazu gehören, hier ein paar TIPPS: Lass dich nicht einfach berieseln und zappe nicht wahllos herum. Entscheide dich bewusst für eine oder zwei Sendungen am Tag, die dir so richtig Spaß machen. Anschließend solltest du gezielter fernsehen. Entscheide dich für Sendungen, die dir neben dem Erholungseffekt auch sonst noch etwas »bringen«. Beispielsweise zeigen Sender wie BBC oder CNN häufig ganz aufregend gemachte Dokumentationen, die auch für Jugendliche sehr interessant sind. Ganz nebenbei schulst du dein Hörverständnis in der englischen Sprache. Ganz wichtig ist außerdem, dass du beim Fernsehen immer dein Vokabelheft oder Schulbuch neben dir liegen hast, damit du die Werbepausen nutzen und das neu Gelernte kurz noch mal überfliegen und wiederholen kannst.

SCHRITT SIEBEN:

Im siebten Schritt geht es um deine Ruhe- und Pausenzeit. Die verbringst du vermutlich mit Fernsehen, Computerspielen, Telefonieren, Musikhören oder Ähnlichem.

Bist du ein Comic-Fan, dann versuche es zwischendurch auch mal mit einem englischen Comic. Bist du ein Musik-Fan, dann leg dir ein Heft für alle Texte deiner Lieblingsbands an. Schreibe die Texte durch Zuhören mit, vergleiche sie mit den Texten im Booklet der CD und versuche dann, den Text ins Deutsche oder ins Englische zu übersetzen, je nachdem in welcher Sprache der Originaltext war.

Bist du ein Film-Fan und schaust gerne Videos? Dann klicke öfters beim Auswahlmenü »Sprache« nicht auf »Deutsch«, sondern versuche, die englische Version zu verstehen. Am meisten Spaß macht das alles natürlich zusammen mit Freunden. Auch so kann man zusammen Englisch lernen.

Versuche also grundsätzlich, bei Alltagsdingen, die dir Spaß machen, auch eine sinnvolle Variante zu finden. Du wirst merken: Das ist gar nicht so schwer.

ÜBUNG: LOGISCHES DENKEN

Bilde eine Assoziationskette mit mindestens 10 Begriffen, wie beispielsweise »Soap – Serie – TV – Stars – usw«. Und natürlich möglichst schnell, ohne lange nachzudenken.

Pferd – Sattel - Gerte - Steigbügel - Trab - Schritt - Galopp - Helm - Heu, Hafer

Mond – Nebel - Nacht - Kalt - Dunkel Sterne - Spät

Berg – __________

____

Erfinde weitere Begriffe!

____

____

____

____

____

WIE DU SELBSTZWEIFEL IN DEN GRIFF BEKOMMST

Eigentlich gibt es dich zweimal. Einmal, wie du bist – und einmal, wie du dich siehst. Menschen, die an sich selbst glauben, sind sich ihrer guten Seiten bewusst und vertrauen auf sich und ihre Fähigkeiten. Deshalb sprechen wir von Selbstvertrauen.

Hier sind ein paar TIPPS für mehr Selbstvertrauen:

> Nimm dich so, wie du bist. Versuche nicht, andere zu imitieren.
> Vergleiche dich nicht so oft. Mit wem würdest du tatsächlich dein Leben tauschen wollen?
> Geh respektvoll mit dir um. Lobe dich, muntere dich auf und belohne dich.
> Trenne dich von so genannten guten Freunden, die immer nur an dir herumkritisieren.
> Besinne dich auf deine Stärken und Fähigkeiten. Denk an die Dinge, die du magst.
> Mach dir eine Liste mit deinen positiven Fähigkeiten.
> Verbessere dein Körpergefühl. Bewege dich viel und genieße das Essen.

Vielleicht hast du schon einmal von »sich selbst erfüllenden Prophezeiungen« gehört. Häufig wird der englische Begriff benutzt: »self fulfilling prophecy«. Dabei geht es um Prophezeiungen, die nur deswegen tatsächlich eintreten, weil irgendjemand etwas behauptet und diese Ankündigungen dann offensichtlich einen Einfluss auf die Zukunft nehmen.

Ein Experiment des Harvard-Psychologen Robert Rosenthal hat beispielsweise gezeigt, dass sich Schüler dann intelligenter verhalten, wenn sie feststellen, dass ihr Lehrer sie für klug hält. In einer Grundschule wurden Lehrern Namen von 20 Prozent ihrer Schüler mitgeteilt, die angeblich zu starkem »intellektuellen Wachstum« fähig seien. In Wirklichkeit aber waren die Namen per Zufall ausgesucht. Das Ergebnis jedoch war verblüffend: Die angeblich vielversprechenden Kinder zeigten in späteren Tests einen um 12 Prozent höheren Intelligenzquotienten als andere Kinder. Außerdem hielten die Lehrer diese Kinder für sympathischer, neugieriger und fröhlicher.

Für deine Persönlichkeitsentwicklung bedeutet diese Erkenntnis: Die Einschätzung deiner Person (sei es deine eigene Einschätzung oder die deiner Eltern oder Lehrer) trägt entscheidend zu deinem schulischen Erfolg bei. Also sei stolz auf deine Stärken!

VOM UMGANG MIT DER ANGST

Jeder Mensch hat Angst. Auch die Erwachsenen. Sie zeigen es nur seltener als Kinder, weil sie meinen, Kinder und Jugendliche würden sich dann sicherer fühlen. In Wahrheit ist es jedoch oft so, dass das Einfühlungsvermögen bei Kindern so stark ausgeprägt ist, dass sie die Ängste ihrer Eltern sehr wohl mitbekommen, auch wenn die Eltern meinen, ihre Ängste perfekt zu verstecken.

Wann immer du in Panik gerätst – sei es vor einer Klassenarbeit oder aber auch im »Privatleben«, beispielsweise abends allein in einem dunkeln Zimmer –, dann solltest du dir folgende zwei Fragen stellen:

1. Wie häufig sind meine schlimmsten Befürchtungen tatsächlich eingetroffen?
2. Wie oft bin ich schon mit schwierigen Situationen, in denen ich Angst hatte, fertig geworden?

WIE DU DEINE ANGST ABBAUEN KANNST

Zu viel Angst lähmt, du kommst nicht weiter und verbrauchst unnötig Energie. Mit folgenden Strategien bekommst du den Kopf wieder frei: Analysiere deine Angst und frage dich, wovor genau du Angst hast. Überlege, was im schlimmsten Fall passieren könnte, was genau das eigentliche Problem ist. Dann überlege, was du tun kannst und wer dir dabei helfen könnte. Vertraue dich jemandem an. Sprich aus, was dich bedrückt. Friss nicht alles in dich hinein.

Vielleicht hast du Angst, eine Klassenarbeit zu vermasseln, Angst, zu spät zu kommen, Angst, dass deine Freunde dich nicht einladen könnten, Angst, vor der ganzen Klasse bloßgestellt zu werden.

Nun aber mal im Ernst: Würde tatsächlich die Welt untergehen, wenn du die Klassenarbeit verhaust? Würde dir der Lehrer den Kopf anreißen, wenn du zu spät kämst? Und wenn dich deine Freunde tatsächlich mal nicht einladen würden – ja, und? Würde deswegen dein Haus abbrennen?

Was ist, wenn tatsächlich so etwas passiert? Wie willst du damit umgehen? Bleib nicht bei deinen panischen Gefühlen, sondern überlege, was du tun könntest.

Letztlich wirst du sehen, du kannst mit allen Dingen fertig werden, und aus der Distanz betrachtet verliert vieles seinen Schrecken. Das macht dich gelassener.

DAS SOMMER-BILD IN DEINEM KOPF

In der Psychologie gibt es mehrere Methoden, mit Ängsten umzugehen. Wir haben beobachtet, dass es enorm hilft, wenn man mit einem »Anker« an die Sache geht.

Damit ist Folgendes gemeint: Du kennst bestimmt das berühmte Beispiel mit dem »Eisbären«. Wenn man dir sagt: »Denke bitte in den nächsten fünf Minuten auf gar keinen Fall an einen Eisbären« – was passiert dann in deinem Kopf? Na?

99 von 100 Menschen haben nach diesem Satz sofort das Bild eines Eisbären vor Augen. Je klarer man jemandem sagt, dass er NICHT an den Eisbären denken soll, umso deutlicher wird das Bild des Bären vor dem geistigen Auge.

Genauso verhält es sich mit der Angst. Es nutzt überhaupt nichts, dir zu sagen, du möchtest bitte die Angst einfach ignorieren. Du möchtest einfach nicht mehr an die Angst denken. Denn dann passiert genau das Gegenteil und du bekommst die Angst überhaupt nicht mehr aus deinem Kopf.

Es gibt aber eine sinnvolle Möglichkeit, um der Angst zu entkommen: Und zwar die Methode des Ablenkens. Man ersetzt das eine Bild durch ein anderes.

Wenn du den nächsten Absatz gelesen hast, schließe deine Augen. Stell dir die allerschönste Sommerurlaub-Situation vor, die du in deinem Leben je hattest. Hier ein paar Stichworte: Erinnere dich an einen schönen warmen Sommertag. Erinnere dich daran, was du anhattest, wie angenehm die Sonne auf deiner Haut war, wie wohl du dich gefühlt hast. Und wenn du die Situation so richtig schön in ein Bild eingefangen hast, dann fang an zu fantasieren. Male das Bild aus. Erfinde etwas hinzu. Vielleicht etwas Wind oder etwas Leckeres zu essen, vielleicht superschöne Musik oder vielleicht sogar eine Liebesszene. Wichtig ist, dass du dir Zeit lässt für das Bild und es am Schluss einfach herrlich ist. Du musst dich so richtig wohl fühlen. Träumen. Schwelgen.

Nun kommen noch ein paar Begriffe, die dir helfen sollen, dein geistiges Bild zu machen – und dann legst du dich bequem hin und fängst an, das Bild im Geiste auszumalen. Okay? Kann es losgehen? Also: Sonne, Meer, Strand, Swimmingpool, blauer Himmel, Badetuch, kühles Getränk, nette Leute ...

Solltest du jetzt gerade nicht in der Stimmung sein für die Übung – auch nicht schlimm. Dann verschiebe sie auf heute Abend. Wenn du im Bett liegst, kannst du dein geistiges Bild auch kurz vor dem Einschlafen zeichnen. Es ist im Übrigen sehr hilfreich, wenn man sich das Bild immer wieder – idealerweise vor dem Schlafengehen – ins Gedächtnis holt und weiter ausmalt. Immer wieder, Abend für Abend. Denn Ziel der Übung ist, das Bild jederzeit abrufbar zu haben. Womit wir wieder beim »Anker« wären ...

Wann immer du Angst verspürst, hol dir dein »Sommerbild« ins Gedächtnis. Erinnere dich anhand des Bildes, wie schön das Leben ist und dass es dir gut geht. Male weiter an deinem Bild – so schaltest du die Angst aus. Wo Angst nicht reifen und wachsen kann, da wird sie auch schnell wieder verfliegen. Positiv denkende Menschen – also Menschen mit »schönen« Bildern im Kopf – haben deutlich weniger Angst als Menschen mit »dunklen« und »traurigen« Bildern.

LAMPENFIEBER VOR KLASSENARBEITEN – NICHT NÖTIG

Zu Lampenfieber muss es gar nicht erst kommen. Und das berühmte »Loch im Kopf« ist besser zu steuern, als man denkt. Die Zauberformel dafür: Sport, sooft und wann immer du Lust hast. Und zwar möglichst regelmäßig.

Ausdauersportler beispielsweise leiden wesentlich seltener unter Angst als Menschen, die keinen Sport treiben. Ob Radfahren, Schwimmen, Jogging, Inlineskating oder Aerobic, die Sportart ist völlig egal. Wichtig ist nur, dass du dich körperlich betätigst. Entscheidend ist, dass der Stoffwechsel auf Touren gebracht wird. Das hebt die Stimmung und lässt Angst gar nicht erst entstehen.

Diese »natürlichen Reserven« wirken nachhaltig und sorgen automatisch für eine bessere Auffassungsgabe.

Du wirst merken, dass du weder Cola, Kaffee, Süßigkeiten oder gar Zigaretten brauchst, um wach und konzentriert sein zu können. Also: Auf in den Sportverein, ins Fitnessstudio oder einfach raus an die frische Luft!

WELLNESS FÜR DIE KLEINEN GRAUEN ZELLEN

GESUNDE ERNÄHRUNG IST DIE HALBE MIETE

»Alles, was Spaß macht, ist entweder verboten, ungesund oder macht dick«, so eine Redensart.

Viele denken, dass gesundes Essen mit Verzicht verbunden ist. Doch Spaß am Essen und Wohlbefinden schließen einander nicht aus. Im Gegenteil, gerade wer die ganze Vielfalt der Lebensmittel genießt, ernährt sich »ganz nebenbei« auch gesund. Ein Schokoriegel oder Eis gehören auch dazu, denn wer sich alles verkneift, wird auf Dauer ungenießbar.

Es kommt allerdings auf das richtige Maß an. Täglich Chips, Hamburger, Pommes frites, Kuchen oder Cola, das sind Ernährungssünden, die sich früher oder später in Übergewicht und Krankheiten niederschlagen. Der aktuelle Effekt: Du wirst träge, bekommst Pickel und lernst schlechter. Achte bei deiner Ernährung auch darauf, nicht in Unmengen so genannte Fertigprodukte zu essen. Am gesündesten sind immer noch die ursprünglichen Lebensmittel. Allein mit Kartoffeln, Reis oder Eiern lassen sich leckere Speisen zubereiten – probier mal verschiedene Rezepte aus. Auch bei Salaten kannst du deiner Kreativität freien Lauf lassen – du kannst mit verschiedenfarbigen Gemüsesorten und Gewürzen spielen sowie dir die Soßen so zusammenmischen, wie es dir am besten schmeckt.

Wenn du gut gekocht und viel gegessen hast, solltest

du dich aber nicht direkt danach an den Schreibtisch setzen, sondern erst einen kleinen Spaziergang oder ein Verdauungsschläfchen machen – dann bist du wieder richtig voll da und kannst die Energie umsetzen (siehe auch unter: Mit vollem Magen lernt sich's schlecht, S. 97).

Und nun noch ein paar ernste Tatsachen, die einen nachdenklich stimmen: Laut Weltgesundheitsorganisation erkranken rund 7 Prozent der Jugendlichen in entwickelten Ländern durch Übergewicht oder erhöhtes Cholesterin. Einige von ihnen sterben sogar daran. Das liegt zum einen daran, dass häufig schon Kinder im Kindergartenalter weitgehend an die Ernährung der Erwachsenen angepasst sind, also zu viel Zucker und gesättigte Fettsäuren zu sich nehmen und zu wenig Kohlenhydrate und Ballaststoffe.

Das von ernährungspsychologischer Seite besonders wichtige Frühstück wird von 20 Prozent der Schüler der fünften bis zur neunten Klasse nur unregelmäßig eingenommen, weitere 20 Prozent frühstücken nie. Hinzu kommt, dass die aufgenommene Flüssigkeitsmenge deutlich unter den empfohlenen Werten liegt.

> TIPP: Nimm dir morgens viel Zeit für ein ausgewogenes Frühstück!

Die Bundeszentrale für gesundheitliche Aufklärung hat außerdem eine Studie über das Konsumverhalten von Jugendlichen in Auftrag gegeben. Dabei stellte man fest, dass sich Jugendliche, die häufig Aktivitäten wie Disco, Kino und Kneipe nachgehen, am schlechtesten ernähren.

Besonders schlecht ernähren sich außerdem Jugendliche, die einen hohen Fernsehkonsum haben.

Und: Je mehr Geld Jugendliche zur Verfügung haben, desto mehr geben sie für ungesunde Nahrungsmittel aus (Snacks).

Wie gesagt: Du sollst nicht auf Süßigkeiten und Snacks verzichten, aber wenn du bewusst darauf achtest, dass du dich einigermaßen gesund ernährst, dann ist dein Körper auch entspannter und aufnahmefähiger.

MIT VOLLEM MAGEN LERNT SICH'S SCHLECHT

Der Zeitpunkt deiner Mahlzeiten ist sehr wichtig. Im Laufe des Tages unterliegt die Leistungsfähigkeit gewissen Schwankungen (siehe auch Leistungsrhythmus S. 76).

Nach dem Frühstück sind wir am Vormittag besonders fit. Eine kleine Zwischenmahlzeit, etwa ein Jogurt oder Obst, hilft diese Phase zu verlängern.

Um die Mittagszeit fallen die meisten Menschen in ein Leistungstief. Kommt ein üppiges Mittagessen dazu, wird man schlapp und schläfrig. Ein ausgewogenes, leichtes Essen hilft dagegen, das Mittagstief leichter zu überwinden. Nachmittags noch ein kleiner Snack und die Energie reicht bis zum Abend. Um gut zu schlafen solltest du abends nicht zu spät essen – und bitte möglichst leichte Kost.

FÜNFMAL OBST AM TAG

Eine einfache Regel mit enormer Wirkungskraft! Probiere es mal eine Woche lang konsequent aus und du wirst erstaunt sein, wie fit deine kleinen grauen Zellen nach acht

Tagen sind. Du wirst das Gefühl haben, Bäume ausreißen zu können. Fünfmal am Tag eine Portion Gemüse oder Obst, möglichst roh oder nur kurz gegart, einfacher geht es nicht.

Eine Portion kann auch ein Saft sein. Also: Wie wäre es gleich morgen mit einem leckeren Orangensaft frisch gepresst zum Frühstück?

Auch hier gibt es keine Grenzen für deine Fantasie – erlaubt ist, was dir schmeckt. Du kannst Karotten, Äpfel, Kiwis, Erdbeeren und anderes Obst und Gemüse nach Herzenslust mischen und mixen. Hol dir doch am besten gleich heute noch die Zutaten!

GEMEINSAM ESSEN

Essen soll Spaß machen. Familien, die oft zusammen essen, sind fröhlicher. Bei Tisch Erlebnisse erzählen, zusammen lachen oder Fragen besprechen, das stärkt den Zusammenhalt.

In deiner Familie arbeiten alle mittags? Dann iss doch mal mit deinen Freunden zusammen.

Am Wochenende oder an nicht ganz so ausgebuchten Tagen geht das besonders gut, denn natürlich braucht man auch ein bisschen Zeit dazu. Frag deine Freunde, ob ihr nach einer erfolgreichen Lerneinheit noch gemeinsam kochen und es euch gemütlich machen wollt. Sucht euch ein leckeres Rezept – denn selbst gekocht schmeckt ganz einfach am besten und man kann es viel mehr genießen, weil man weiß, wie viel Arbeit darin steckt.

Wenn du alleine bist, kannst du sogar nebenbei noch eine Lernkassette hören, wenn du magst – dann hast du einen tollen Wiederholungseffekt. Oder du nimmst es einfach als Entspannung und hörst ein bisschen Radio oder Musik.

DEIN WASSERHAUSHALT

H_2O, ohne diese schlichte Formel gibt es kein Leben. Dein Körper besteht zu rund 60 Prozent aus Wasser. Steht nicht genug Flüssigkeit zur Verfügung, schaltet der Körper auf Sparflamme und erfüllt nur wichtige Funktionen. Lernen gehört in diesem Sinne nicht dazu.

Du musst also ganz viel trinken, um fit und leistungsfähig zu sein. Am besten sind Mineralwasser, verdünnte Fruchtsäfte und Früchte- oder Kräutertees. Wenn du bisher nur süße Sachen getrunken hast, musst du dich vielleicht ein bisschen umstellen und daran gewöhnen. Aber das geht schneller, als du denkst, und kann auch sehr lecker und erfrischend sein. Und wenn du dann mal wieder einen Softdrink trinkst, wird er dir viel zu süß vorkommen.

Dein Ziel sollte es sein, täglich möglichst zwei Liter zu trinken. Im Sommer, wenn es sehr heiß ist, erhöht sich dein Flüssigkeitsbedarf nochmals. Und einen weiteren Nebeneffekt hat das viele Trinken außerdem noch: Man hat nicht so viel Hunger.

WELCHER ESSTYP BIST DU?

Bei diesem Test kannst du feststellen, wie bewusst du ohnehin schon isst und was du bei deiner Ernährung noch verbessern kannst.

BEIM ESSEN ACHTE ICH VOR ALLEM DARAUF,

C) dass es gesund ist.
A) dass es mir gut schmeckt.
B) dass ich schnell satt werde.
C) dass ich nicht zu dick werde.

WELCHE AUSSAGEN TREFFEN AUF DICH ZU?

A) Essen macht Spaß.
C) Ich zähle ständig Kalorien und achte auf meine Linie.
B) Ich esse oft aus Langeweile.
B) Wenn ich Stress habe, esse ich besonders viel Süßes.

WIE OFT KOMMT BEI DIR GEMÜSE ODER SALAT AUF DEN TELLER?

A) Häufig.
B) Selten.
C) Täglich.

SO GENANNTES VOLLWERTIGES ESSEN

B) ist nur etwas für Körnerfreaks. Nur über meine Leiche!
A) schmeckt nicht immer, aber immer öfter.
C) ist gesund und häufig ganz lecker.

FAST FOOD ESSE ICH

C) selten oder nie.
A) manchmal, wenn ich mit Freunden in der Stadt bin.
B) wahnsinnig gern und sooft wie möglich.

ICH LÖSCHE MEINEN DURST AM LIEBSTEN MIT

B) Softdrinks.
C) Mineralwasser.
A) Säften, Tees, Wasser.

WERTUNG:

C) = 3 Punkte
A) = 1 Punkt
B) = 0 Punkte

bis 6 Punkte: Blitz-Esser

Essen muss dir schmecken und soll keine Umstände machen. Deshalb bist du ein guter Kunde für die Fast-Food-Ketten. Deine Figur ist dir (noch) egal. Du futterst nach dem Lustprinzip. Jetzt bist du fit, aber in einigen Jahren könnte dich dein Körper mit zahlreichen Wohlstandskrankheiten ärgern.

> **TIPP:** Iss ein bisschen selbstkritischer. Ab und zu etwas gesundes Essen einzuschieben ist lecker und muss nicht viel Aufwand bedeuten, du wirst leistungsfähiger!

7–12 Punkte: Der Fitness-Freak

Bei dir stimmt die Mischung. Dein Äußeres, Gesundheit und Fitness sind dir wichtig. Obst, Vollkornprodukte oder Jogurt könnten deine Hits sein. Du gönnst dir aber auch mal Schokolade oder eine extra große Portion Pommes. Alles völlig in Ordnung.

13–18 Punkte: Der Bewusste

Du isst sehr bewusst. Eier aus Massentierhaltung kämen dir nicht in den Becher. Du magst viel Gemüse, Obst, Salat oder Getreide, wenig Fleisch. Vielleicht bist du sogar Vegetarier? Lebensmittelskandale verfolgst du aufmerksam.

> **TIPP:** Bleib trotzdem locker beim Essen, hab Spaß mit anderen und genieße den guten Geschmack.

GESUNDHEITS-CHECKLISTE

> Sorge dafür, dass du täglich mindestens zwei Liter Flüssigkeit zu dir nimmst!

> Achte auf kalorienfreie Getränke wie Mineralwasser oder Kräutertee.

> Gehe nie ohne ein ordentliches Frühstück aus dem Haus!

> Sorge für gesunde Produkte wie Früchtemüslis, Vollkornprodukte, Milch und Obst.

> Nimm jeden Tag einen Apfel mit in die Schule.

> Versuche mittags Gerichte mit viel Salat oder Gemüse zu essen.

> Das Mittagessen sollte nicht zu üppig ausfallen.

> Gönne dir beim Lernen zwischendurch einen Snack aus Jogurt, Äpfeln, Birnen oder Müsliriegeln und stelle immer ein Glas Wasser in Reichweite.

> Iss abends nicht zu spät und auch dann wieder etwas Leichtes: Brot, Käse, Rohkost, Salat oder eine Suppe.

SCHLAFEN MACHT SCHLAU

Wusstest, du, dass ständiger Schlafentzug vergesslich macht? Wer also regelmäßig spät ins Bett geht, wird in der Schule immer schlechter. Denn im Schlaf kommuniziert das Gehirn vor allem mit sich selbst und bindet tagsüber vorläufig gespeicherte Informationen dauerhaft in so genannte neuronale Netze ein. Das Gehirn lernt erst im Schlaf – »Gedächtnis-Konsolidierung« wird dieser Ansatz genannt. Dabei werden offenbar sehr komplexe Lerninhalte erst am Ende der Nacht eingespeichert. Ein ständiges Schlafdefizit könnte sich also direkt auf deine schulischen Leistungen auswirken.

Wenn du also gut gelernt hast, dann bloß rechtzeitig ins Bett. Schlaf dich gerade vor wichtigen Arbeiten so richtig aus!

TOPFIT UND GUTE NOTEN

Hier kommen nun 10 Blitz-Tipps, wie du am effektivsten lernen kannst und Prüfungen bestehst:

1. Nicht alles auf einmal lernen.
2. Wiederholen, wiederholen, wiederholen.
3. Verbanne die Zeitdiebe: Computer, Internet, Video, Fernseher, Telefon ...
4. Gemeinsam Lernen.
5. Kopfschmerzen, angespannt, müde, unkonzentriert? Bewegung hilft gegen Stress, damit dein Stoffwechsel in Schwung und genug Sauerstoff ins Blut kommt.

6. Fit durch Entspannen.
   Atemübung: langsam ein- und ausatmen, dann zähle: »1 – 2 – 3« und lege die Hand dabei auf den Bauch.
7. Sei selbstsicher, sag: »Ich schaffe es. Alles geht gut.«
8. Mach immer einen weiten Bogen um die Panikmacher der Klasse.
9. Ein-Minuten-Break: Leg den Stift weg, schau aus dem Fenster, denk an etwas Schönes, atme tief durch und dann arbeite weiter.
10. Kontrolliere am Schluss einer Arbeit alles noch einmal.

DEINE EMOTIONALE INTELLIGENZ

ZUHÖREN

Zuhören ist oft viel schwerer als selbst zu reden, aber sehr wichtig, wenn man ein guter Freund oder Freundin sein will. Darum versuche bewusst zuzuhören, was deine Gesprächspartner erzählen. Sprich nicht dazwischen, wenn sie reden.

Konzentriere dich auf das, was der andere sagt, achte auch auf seine Körpersprache. Signalisiere, dass du aufmerksam zuhörst, zum Beispiel durch Kopfnicken. Frag erst nach, wenn er oder sie fertig gesprochen hat.

KÖRPERSPRACHE

Wissenschaftler haben untersucht, inwieweit die Wirkung eines Menschen von seiner Stimme, seiner Körpersprache und dem Inhalt seiner Rede abhängt.

Was meinst du, wie viel Prozent fällt auf jeden Aspekt?

Stimme	
Körpersprache	
Inhalt	
	100 %

Auflösung:

Die Wahrheit ist, dass der Inhalt des Gesagten gerade mal zu 7 Prozent über die Außenwirkung der Person entscheidet. Wichtiger sind die Stimme, die 38 Prozent der Wirkung ausmacht, und die Körpersprache mit einer Prozentzahl von sogar 55.

Heißt das nun, dass man nur ein guter Schauspieler sein muss und das Lernen gleich einstellen kann? Nein, aber es heißt, dass du ganz viel beeinflussen kannst, wenn du kompetent rüberkommst.

Hier die einfachsten Regeln, wie du besser und selbstbewusster wirkst:

- Mach dich groß.
- Halte den Kopf oben.
- Geh aufrecht.
- Nimm die Schultern zurück.
- Übe einem Blick standzuhalten.
- Prüfe deinen Gesichtsausdruck vor dem Spiegel.

AUFTRETEN

Mit guten Manieren und Höflichkeit kommst du einfach besser durchs Leben. Gute Manieren zu lernen ist eigentlich kinderleicht und die meisten wirst du bereits kennen.

Aber das allein genügt nicht. Das Entscheidende bei deinem Auftreten ist, wie gut es dir gelingt, auf deine Mitmenschen einzugehen und auf sie zu achten. Wie gut du dich in sie hineinfühlen kannst. Es geht um dein Einfühlungsvermögen, deine Aufmerksamkeit und deine Umsicht in Alltagssituationen.

Du kannst 1000 Mal gehört haben, dass du aufstehen und deinen Platz anbieten solltest, wenn ein älterer Mensch oder eine schwangere Frau den Bus betreten und keinen Platz mehr finden. Aber du kannst natürlich nur aufstehen, wenn du den älteren Menschen oder die schwangere Frau überhaupt bemerkst.

Die wichtige Frage bei Manieren und Höflichkeit lautet also nicht, wie gut du die Höflichkeitsregeln kennst, sondern wie aufmerksam du durchs Leben gehst. Und dann spricht man von *emotionaler Intelligenz*.

Menschen mit einer gering ausgeprägten emotionalen Intelligenz *sehen* einfach nicht, dass sie die Tür aufhalten könnten, dass sie einer Frau mit Kinderwagen ihre Hilfe anbieten könnten oder dass sie durch ihr Gerede anderen auf den Nerv gehen.

Also: Beobachte dich selbst. Frag dich bei allem, was du tust, ob deine emotionale Intelligenz in Sachen »Beobachtungsgabe« und »Einfühlungsvermögen« ausreichend ausgeprägt ist. Denn ein gutes Miteinander ist im Leben für alle sehr wichtig!

LÖSUNGEN

Übung S. 10: Denk-Training-Konzentration
1. Bunt, 2. Fußball, 3. Kirche, 4. Montag, 5. Torwart

Übung S. 13: Denk-Training-Konzentration
1. Bunt, 2. Kloster, 3. Lachen, 4. Pfarrer, 5. Weltmeisterschaft

Übung S. 37: Denk-Training-Konzentration & Logisches Denken
1. Donnerstag, 2. Dienstag, 3. Mittwoch, 4. Sonntag, 5. Mittwoch

Übung S. 70:
1. Cousin, 2. Sohn, 3. Großeltern, 4. Nichte, 5. Enkelin

ANHANG UND INTERNETADRESSEN

Wichtig für jeden Schüler, der sich verbessern möchte, ist eine ordentliche **Handbibliothek** zum schnellen unkomplizierten Nachschlagen von Daten und Fakten. Deine persönliche Bibliothek sollte auf jeden Fall Standardwerke wie ein gutes Lexikon, Schülerduden, Duden, Fremdwörterbuch und Wörterbücher aller Sprachen, die du lernst, enthalten.

Bei den kommenden Informationen und Homepages handelt es sich nur um eine Auswahl, deren Angaben dem aktuellen Stand zur Zeit der Drucklegung entsprechen. Besonders Internetadressen, die einem schnellen Wandel unterliegen, können sich inzwischen geändert haben. Für die Inhalte der angegebenen Websites kann der Verlag keinerlei Verantwortung übernehmen.

Natürlich kannst du dich jederzeit auch an Beratungsstellen bei dir im Ort wenden. Sie sind meistens kostenlos (aber frag lieber vorher genau nach) und auf jeden Fall anonym, du kannst dich also mit jedem Problem an sie wenden.

DAS PORTAL FÜR SCHÜLERINNEN UND SCHÜLER

Mit seinen Angeboten möchte das SchulWeb Kontakte zwischen Schulen in Deutschland, Europa und weltweit fördern und stellt hierfür eine Reihe von Kommunikationsmöglichkeiten bereit. Das SchulWeb ist eine Community, die du selbst mitgestalten kannst. *www.schulweb.de*

ONLINE-BERATUNG FÜR SCHÜLERINNEN UND SCHÜLER

SORGENCHAT

Einen Chatraum für Problemfälle findest du unter *www.bke-sorgenchat.de*. Dies ist ein Angebot der Bundeskonferenz für Erziehungsberatung e.V. (bke). Jugendliche finden hier E-Mail-Beratung, Beratung im Einzelchat oder aber Austausch mit anderen Jugendlichen.

SCHÜLER-NOTRUF

bietet dir kostenlose Hilfe zu Problembereichen wie Sucht, Angst, Mobbing, Depression, Gewalt, Selbstmordabsicht, Selbstverletzung, sexuelle Belästigung, Vergewaltigung, Misshandlung, Erpressung und Missbrauch. Du bleibst anonym und wirst durch ausgebildete Fachkräfte beraten. *www.schueler-notruf.de*

Klar macht es großen Spaß, im Internet herumzuklicken. Trotzdem solltest du aufpassen und ein paar Regeln beachten, wenn du in Foren gehst oder direkt Kontakt zu anderen Surfern aufnehmen willst. Überlege genau, wem du deine E-Mail-Adresse nennst. Deine richtige Adresse ist ohnehin Tabu für Fremde.

Denk dran: Nicht alle, die sich im Netz tummeln, sind ehrlich!

WEITERE INTERESSANTE HINWEISE

Unter *www.zum.de* findest du die »Zentrale für Unterrichtsmedien im Internet e.V.«. Die Website bietet zahlreiche Foren für Schüler und Lehrer sowie **Materialien** für alle Fächer und Linklisten.

Lernen mit Spaß bietet die gleichnamige Website aus der Schweiz: *www.lernen-mit-spass.ch*. Der Clou: Kostenlose **Online-Übungen** zu allen Fächern.

Auch unter der Internetadresse *www.lern-online.net* findet man kostenlose Online-Lernübungen.

Bei *www.nachhilfe.de* kann man **Nachhilfestunden**, aber auch kostenlos zahlreiche Informationsblätter bestellen, die Tipps für spezielle Probleme bieten.

Unter *www.school2000.de* gibt es Hunderte von **Hausaufgaben und Referaten**. Vorsicht: Nur runterladen und nichts verstehen ist gefährlich. Runterladen und den Text dann für die eigenen Bedürfnisse zu bearbeiten, kann Rettung in letzter Minute sein. Die Website bietet aber auch zahlreiche Schüler- und Lehrer-Foren. Achtung: Nicht ablenken lassen, die unvermeidlichen Klingeltöne gibt es hier auch.

Die **Kultusminister oder Bildungsminister** sind für die Schulen zuständig. Inzwischen unterhalten alle Ministerien brauchbare Internetseiten mit vielen Hintergrund-Informationen. Du findest das für dich zuständige Ministerium in jeder Suchmaschine (zum Beispiel *www.google.com*), indem du beispielsweise das Wort »Bildungsministerium« und das Land eingibst, in dem du wohnst. Schau doch einfach mal nach!

Den **zentralen »deutschen Bildungsserver«** findest du unter *www.bildungsserver.de*.

Hier ein paar gut aufgebaute Beispiele für einzelne deutsche Bundesländer, auf denen es auch für Schüler aus anderen Ländern hilfreiche Informationen gibt:

Hessen: *www.hessisches-kultusministerium.de*
Bayern: *www.kmbayern.de/km*
Berlin: *www.sensjs.berlin.de*
Bremen: *www.bildung.bremen.de*
Nordrhein-Westfalen: *www.bildungsportal.nrw.de*

Achtung bei kostenpflichtigen Websites! Nur weil Bildung hier etwas kostet, muss sie nicht gut sein. Bevor du Verpflichtungen eingehst, lass dich von einem Vertrauenslehrer deiner Wahl beraten und sag deinen Eltern Bescheid.

Online-Lernen verlangt viel Disziplin und kann sehr einsam machen. Dennoch ist der Computer heute nicht mehr wegzudenken aus dem Alltag. Bei überlegter Nutzung eröffnet er dir eine fantastische Lernwelt.

Hinter *www.learnabit.com* verbirgt sich ein Community-Portal zum Thema **E-Learning**. Hier gibt es zahlreiche Foren, Downloads und Web Links, außerdem kann man selbst Artikel schreiben. Weiterer nützlicher Service: ein virtueller Schreibmaschinenkurs, wo man üben kann, möglichst schnell mit einer Tastatur schreiben zu können.

Hilfe für Schüler, die unter **Lese- und Rechtschreibschwäche** (Legasthenie) leiden, bietet zum Beispiel die

Website *www.legasthenie-therapie-hamburg.de*. Doch auch hier findest du zahlreiche Adressen und Ansprechpartner, wenn du in einer Suchmaschine den Begriff »Legasthenie« und den dich betreffenden Ort eingibst.

Wenn es ganz große Probleme beim Lernen gibt, die alleine nicht mehr zu lösen sind, dann ist eine **Lerntherapie** vielleicht eine Hilfe. Unter *www.lerntherapie.ch* finden sich viele wichtige Infos zu diesem Thema. So eine Lerntherapie kann dir helfen, dich selber mit anderen Augen zu sehen und dein Selbstwertgefühl zu verbessern. Dann kannst du die Aufgaben gleich ganz anders angehen und lösen.

WISSENSMAGAZINE

Es gibt auch eine Vielzahl an Magazinen, die sich mit bestimmten Themen befassen, die dich vielleicht interessieren könnten oder dir in der Schule zum Beispiel bei der Vorbereitung von Referaten behilflich sein könnten. An dieser Stelle seien nur zwei Beispiele genannt, die sich an jüngere Schüler richten.

Das Magazin »GEOlino« ist ein Ableger des »GEO«-Heftes für Erwachsene. Es ist ein interessantes Wissensmagazin mit vielen Detailinformationen zu Themen aus der ganzen Welt. Du findest es auch im Internet unter *www.geo.de/GEOlino*.

Das Magazin »National Geographic« ist empfehlenswert, weil es neben den spannenden Sachthemen auch die Möglichkeit bietet, auf einfache Weise beim Lesen deinen englischen Wortschatz zu verbessern. Du findest es auch im Internet unter
www.nationalgeographic.de/kinder.

Das Bildungsmagazin »Focus Schule« ist ein Magazin speziell zu Lernthemen. Hier erhältst du aktuelle Informationen zu Bildungsthemen und kannst zahlreiche Tests selber durchführen.

Die Zeitungen sind an jungen Lesern sehr interessiert. Schon im Jahre 1979 hat der Bundesverband Deutscher Zeitungsverleger ein pädagogisches Konzept entwickeln lassen, das junge Leser an die Tageszeitung heranführt und sie dabei gleichsam zur Zeitungslektüre verführt. Das Projekt ist unter dem Namen »Zeitung in der Schule« bekannt geworden. Schüler der teilnehmenden Schulen lernen ganz praktisch, wie eine Zeitung entsteht, und können sich als Journalisten versuchen. Ein Teil der Berichte und Reportagen wird tatsächlich in der Zeitung veröffentlicht.

TAGESZEITUNGEN

Die Welt verändert sich schnell. Damit du den Überblick bekommst und ein kompetenter Gesprächspartner wirst, sollest du dir angewöhnen, täglich in eine Tageszeitung zu schauen. Das heißt nicht, dass du die Zeitung von A bis Z durcharbeiten musst. Beginne langsam, Zeitunglesen soll ja Spaß machen. Lies selektiv erst mal nur das, was dich wirklich interessiert. Nach und nach arbeitest du dich dann vielleicht vom Sport- oder Modeteil bis in die politischen Seiten vor.

Falls es bei dir zu Hause nicht die gewünschte Zeitung gibt, probier mit einem kostenlosen Probeabonnement erst einmal aus, welche Zeitung dir zusagt. Frage vorher ruhig mal deine Lehrer, warum sie welche Zeitung gern lesen. Für Schüler und Studenten gibt es in der Regel Sondertarife. Vielleicht kannst du dir auch ein Abo zum Geburtstag wünschen. Patentanten und Onkel zum Beispiel sind für derartige Anregungen sehr dankbar.

Mal ehrlich: Verbringst du zu viel Zeit vor den PC? Kommst du nach Hause und schaltest erst mal deinen PC an und spielst den ganzen Tag daran herum? Da hilft nur eins: Leg ab und zu einen PC-freien Tag ein und geh raus mit deinen Freunden. Wenn du ohne PC nicht leben kannst, geh wenigstens in einen Computer-Club, da findest du sicher Freunde mit dem gleichen Hobby

SCHLUSS MIT SCHLECHTEN NOTEN

So kannst du es schaffen
nach der PISA-Studie aktualisiert

Weimer / Heß / Brademann

Die Klassenarbeit rückt näher und du weißt mal wieder nicht, wo du mit dem Lernen beginnen sollst? In deinen Schulheften regiert das Chaos und du hast Probleme, dir den Prüfungsstoff zu merken?

Dagegen lässt sich etwas tun! Mit den richtigen Strategien, Methoden und kleinen Tricks kannst du dich in der Schule verbessern und du wirst merken, dass Lernen sogar Spaß machen kann.

In diesem Buch erfährst du unter anderem,

- wie du dich motivieren kannst,
- wie du dir neuen Stoff am besten merkst,
- wie du deinen Schreibstil verbesserst,
- wie du dich optimal auf Prüfungen und Klassenarbeiten vorbereitest,
- wie du deinen Arbeitsplatz richtig gestaltest.

www.ueberreuter.at

ISBN 3-8000-1590-0

UEBERREUTER